中国资本账户、汇率制度与金融体系改革匹配问题的研究

崔红宇◎著

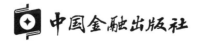

中国金融出版社

责任编辑：王雪珂
责任校对：孙　蕊
责任印制：裴　刚

图书在版编目（CIP）数据

中国资本账户、汇率制度与金融体系改革匹配问题的研究（Zhongguo Ziben Zhanghu、Huilü Zhidu yu Jinrong Tixi Gaige Pipei Wenti de Yanjiu）/崔红宇著. —北京：中国金融出版社，2018.6
ISBN 978 - 7 - 5049 - 9569 - 8

Ⅰ.①中…　Ⅱ.①崔…　Ⅲ.①资本—金融开放—研究—中国②汇率—货币制度—研究—中国③金融体系—金融改革—研究—中国
Ⅳ.①F832.21②F822.1③F832.1

中国版本图书馆 CIP 数据核字（2018）第 092445 号

出版
发行　**中国金融出版社**

社址　北京市丰台区益泽路 2 号
市场开发部　（010）63266347，63805472，63439533（传真）
网上书店　http：//www.chinafph.com
　　　　　（010）63286832，63365686（传真）
读者服务部　（010）66070833，62568380
邮编　100071
经销　新华书店
印刷　保利达印务有限公司
尺寸　169 毫米 × 239 毫米
印张　15
字数　187 千
版次　2018 年 6 月第 1 版
印次　2018 年 6 月第 1 次印刷
定价　45.00 元
ISBN 978 - 7 - 5049 - 9569 - 8
如出现印装错误本社负责调换　联系电话　（010）63263947

前　　言

2015 年 10 月 29 日，中共中央关于制定国民经济和社会发展第十三个五年规划的建议明确表示：推进我国的资本账户开放，扩大金融业双向开放。有序实现人民币资本项目可兑换，与汇率制度改革"推进汇率市场化改革，使人民币汇率主要由市场供求决定"，以及加快金融体系改革"构建多层次、广覆盖、有差异的银行机构体系，着力加强对中小微企业、农村特别是贫困地区金融服务"。由此，我国在宏观层面面临着资本账户开放、汇率制度与金融体系改革，那么一个重要的问题是，我国应如何推进三项改革，三项改革有无先后次序，即三项改革如何匹配是一个重要而急需解决的问题。

本书通过拓展原有的新凯恩斯 DSGE 分析框架，引入资本账户开放、汇率制度与金融体系改革因素，通过数值模拟与福利分析，利用比较的方法，探讨了三项改革的最优的匹配，得到如下结论：

1. 资本账户开放与汇率制度改革的匹配。随着汇率制度从相对固定转化为浮动，福利损失不断下降，且随着资本账户开放速度的提高福利损失下降的幅度降低；在设定的各种汇率制度下，资本账户开放都是有助于福利提高的，特别是在资本账户开放速度提高的初始阶段，福利会有显著地提高；资本账户开放要循序渐进地进行，同时进行汇率制度改革才能实现本国的福利最优。

2. 资本账户开放与经济发展水平的匹配。在资本账户开放过程中，本国的经济发展水平提高有助于提高本国福利，当资本账户开放速度较慢时，这一现象更加显著；资本账户的开放速度影响本国的福利损

1

失，适当的开放速度能显著降低福利损失；一国在资本账户开放过程中，适当增加汇率弹性，有助于本国福利的提高。

3. 资本账户开放与金融系统改革。一国可先进行资本账户开放，再进行金融体系改革，这样可实现本国福利最优；由于在资本账户开放速度较快的情况下，金融体系改革速度对福利的影响较小，如果考虑到多项改革的存在，本国只要把握资本账户开放速度不宜太慢即可。在资本账户开放与金融体系改革过程中进行汇率制度改革，提高汇率弹性会有助于本国福利的提高。

4. 均衡汇率与汇率波动区间。我们发现：2002 年前人民币存在一定的高估；2003—2008 年，人民币存在小幅的低估或高估；但 2009 年之后，人民币存在严重的高估。这是非常值得货币当局关注的。接下来，我们利用三种方法进一步测算了人民币汇率适宜的波动区间：（1）通过对均衡汇率表达式的求解，测算各变量的方差得到人民币汇率适宜的波动区间应该在 4% ~ 5% ；（2）利用经典模型得到：最优汇率波动区间随着外生冲击的增加而增大，随本国央行对通货膨胀厌恶程度的提高而降低，结合中美两国的数据，计算了人民币对美元汇率适宜的波动区间，得到在不同政府偏好下，最优汇率波动区间的值；（3）利用新凯恩斯模型，得到汇率最优波动区间随着外生冲击的增加而增大，设定汇率波动区间的汇率制度优于固定或浮动汇率制度。

5. 汇率制度选择与经济发展水平。在一定的经济发展水平下，实行相对浮动汇率制度有助于本国福利的提高，这种作用在经济发展水平较高时尤为明显；随着经济发展水平的提高，相对固定的汇率制度会增加本国的福利损失，且在越为固定的情况下，这种福利损失越为明显；与此不同的是，在相对浮动的汇率制度下，福利损失随着经济发展水平的提高而降低，且随着汇率弹性的增加，这种降低更为明显。

6. 汇率制度选择与金融发展水平。预期利率规则下，福利随着金融发展速度的提高而降低，且福利损失最小值出现的位置随着金融发展速度的提高而趋向相对固定的汇率制度；非预期利率规则下，福利随着金融发展速度的提高而降低，且福利损失最小值出现的位置随着金融发展速度的提高而趋向相对浮动的汇率制度，同时，当金融发展速度较快汇率制度较为固定时，本国福利会有显著降低。

本书的结论不但丰富了"三元悖论"理论，而且对我国的资本账户开放、汇率制度与金融体系改革的实施提供一定的指导。

目　　录

Chapter One

导　言｜第一章

"十三五"规划中明确提出我国将进一步开放资本账户,并进行汇率制度与金融体系改革,此为本书的研究背景,而三项改革如何匹配进行是本书所要探讨的问题,该问题的研究有着重要的理论意义与实践意义。本部分首先详细叙述本书的研究背景与意义,然后界定资本账户开放与汇率制度的基本定义,回顾世界范围与中国的资本账户开放和汇率制度改革历程,最后概述本书的研究框架与创新。

第一节　研究背景与意义

(一) 研究背景

2015 年 10 月 29 日,中共中央关于制定国民经济和社会发展第十三个五年规划的建议明确表示:"推进我国的资本账户开放,扩大金融业双向开放。有序实现人民币资本项目可兑换,转变外汇管理和使用方式,从正面清单转变为负面清单。放宽境外投资汇兑限制,放宽企业和个人外汇管理要求,放宽跨国公司资金境外运作限制。推进资本市场双向开放,改进并逐步取消境内外投资额度限制",与汇率制度改革"推进汇率市场化改革,使人民币汇率主要由市场供求决定",以及加快金融体系改革"构建多层次、广覆盖、有差异的银行机构体系,扩大民间资本进入银行业,发展普惠金融,着力加强对中小微企业、农村特别是贫困地区金融服务。推进股票和债券发行交易制度改革,提高直接融资比重,降低杠杆率"。

由此,我国在宏观层面面临着资本账户开放、汇率制度与金融体系改革,那么一个重要的问题是,我国应如何推进三项改革,三项改革有无先后次序,即三项改革如何匹配是一个重要而急需解决的问题。

关于资本账户开放与汇率制度选择匹配的最早研究要追溯到"三元悖论"理论。19 世纪 60 年代,经济学家蒙代尔与弗莱明把凯恩斯的

IS－LM 模型应用于开放的小型经济体，推演出了国际金融领域著名的理论之一——"三元悖论"。其主要内容是，对于一个开放的小型经济体，资本账户开放、固定汇率制度与独立货币政策三者只能同时选择其中两者，而不能同时达到三个政策目标。该理论因其简单明了地概括了一个开放经济体的政策制定所面对的限制，而被广泛地认可与接受。近期的研究也普遍支持三元悖论的结论，代表性的研究如：Obstfeld et al（2005）、Eichengreen 与 Leblang（2003）、Henry（2006）、Prasad 与 Rajan（2008）等。但是，在该理论中的资本账户开放只考虑完全开放与完全不开放，汇率制度选择只包括完全固定与完全浮动，货币政策也只考虑完全独立与完全不独立六种选择组成的条件的情况。除了少数发达国家或地区满足条件外，大多数国家均处于中间状态，即资本流动受到一定的管制，汇率弹性受到一定限制，且一国享有一定程度的货币政策独立性。Aizenman et al（2008，2010，2011）发展了一套指数研究了 170 多个国家 1970 年至 2007 年三元悖论的选择情况，发现新兴市场国家相对于发达国家与发展中国家近年来经济普遍发展迅速，而它们的一个共同特征就是政策选择处于三元悖论的中间状态。

近年来，我国一直进行着资本账户开放与汇率制度改革。资本账户方面，从 1996 年人民币经常账户可自由兑换，到 2003 年与 2006 年引进合格境外（QFIIs）与境内（QDIIs）机构投资者，再到 2013 年上海自贸区这一资本账户开放试验田的成立，直至 2015 年 9 月沪港通的推出，可以看出，我国正稳步地推进资本账户的开放进程。但总体来看，目前我国的资本账户还处于一定的管制状态。在汇率制度方面，从 1994 年的官方汇率与调剂汇率并轨，到 2005 年 7 月确定参考一篮子有管理的浮动汇率制度，再到 2015 年 8 月汇率中间价形成机制的重大变革，人民币汇率向更具弹性的方向迈进。但总体来看，人民币汇率波动区间只有 2%，人民币汇率还处于窄幅波动阶段。在金融体系改革方面，从 2003 年 3 月，中国金融监管的"一行三会"制度形成，到 2007

年 1 月，上海银行间同业拆借利率正式运行，再到 2014 年 3 月 10 日，银监会经报国务院同意，确定了 5 家民营银行试点方案，直至 2018 年的银监会与保监会合并，金融体系的改革正不断地深入与发展。

随着我国加入 WTO，进一步开放贸易部门与金融市场的承诺使得资本账户管制处于越来越无力的境地，且我国正在不断地推动人民币国际化的进程，人民币国际化必然导致人民币回流，迫切要求资本账户开放。同时，随着我国经济不断融入到世界经济全球化中，为了抵制内部和外部的冲击，我国的货币政策需要具有独立性。依据三元悖论理论，人民币汇率必然浮动。但是，过快的资本账户开放、汇率制度改革势必会引发大的经济波动，甚至会导致危机的发生。因此，我国的资本账户开放与汇率市场化改革应该循序渐进地进行。那么，我国资本账户开放与汇率市场化改革如何与本国的经济发展水平与金融体系改革相协调？且资本账户开放与汇率制度改革如何匹配？资本账户开放与金融体系改革有无先后次序之分？这些问题的研究不但关乎我国经济的长治久安，而且具有重要的战略意义，因此，这些问题都是重要而且迫切需要解决的。

（二）研究意义

1. 理论意义

本书的理论意义在于丰富"三元悖论"选择理论。本书结合中国的经济发展水平、金融体系改革与典型外部冲击构建新凯恩斯 DSGE 理论模型，分析不同条件下，中国的资本账户开放、汇率制度和金融体系改革的匹配关系，为当前与今后中国"三元悖论"的解提供理论基础，是对"三元悖论"理论的丰富与发展。

2. 实践意义

本书通过构建理论模型得到不同条件与阶段下中国资本账户开放、汇率制度与金融体系改革的匹配情况，将有效地引导中国资本账户开放、汇率制度改革和金融体系改革的实践，从而为我国当前以及今后经济发展营造适宜的宏观环境，以保证我国经济平稳高效地运行。

第二节　相关概念界定

（一）资本账户的概念界定

资本账户的定义

资本账户又称资本项目，是反映一定时期一国同其他国家（或地区）进行的全部经济往来收支流量情况的记录，是国际收支平衡表中重要组成部分。与之相联系的国际收支平衡表中另一个重要账户是经常账户又称经常项目，经常项目记录了一国同其他国家（或地区）之间的实际资源转移，具体包括货物贸易、服务贸易和单方面转移支付等。我们通常关注的进出口就记录在经常账户。经常账户的交易必然涉及国家间资金的往来，因此，资本账户通常是针对经常账户而言，记录国家间资本的流动情况，主要包括国家间的金融资产交易、资本的流入与流出等内容，从而有效反映一国对外金融资产与负债的变动，以及国家间资本的流动。1993 年，国际货币基金组织在其出版的《国际收支手册》中，为了更准确地表示其构成把国际收支平衡表中资本账户项改称为资本与金融账户，但学术界还普遍用资本账户来表示。

资本账户与经常项目一样是国际收支平衡表中的一级账户，其下设资本项目、直接投资、证券投资和其他投资四项内容。其中，资本项目记录跨境房地产投资与私人资本转移等资金的流动；直接投资记录外商直接投资，以及本国企业对外直接投资，如通过海外设立分支机构、合资创办企业或通过收购海外公司等形式的投资，即我们通常所说的 FDI；证券投资指跨境的股本证券类投资和债务证券类投资，如外国股票市场、外国债券以及外国货币工具与衍生工具等；其他投资是指贸易信贷、贷款、货币和存款构成，其中跨境贷款占主要部分。

（二）资本账户开放的国际规定

国际货币基金组织在《汇率安排和外汇管制年度报告》中，按照资本账户管制的领域，把资本管制划分为 13 个类别，分别为资本市场证券、货币市场工具、集体投资证券、衍生工具及其他工具、商业信贷、金融信贷、保函及担保和金融支持工具、直接投资、直接投资的清盘、房地产交易、私人资本流动、针对商业银行和其他信贷机构的规定、针对机构投资者的规定。

关于资本账户开放的规定，主要有两个，一是国际货币基金组织IMF 的规定，另一个是经济合作与发展组织（OECD）的规定。下面，我们分别对其加以说明。

1. 国际货币基金组织的规定

国际货币基金组织在其协定的第八款中对经常项目开放进行了规定，要求 IMF 成员国实现经常账户下的货币自由兑换，且进一步要求各成员国不得对其他成员国实施歧视性货币政策，同时对国际收支经常账户的支付不得加以限制。但是，对资本账户的规定却没有对经常项目的规定那样严格且统一，只是对资本流动的范围进行了限制。国际货币基金组织协定的第六款中指出，各成员国可以对国际资本流动采取必要的控制，但这类管制不得限制经常性交易的支付或资金的转移。20世纪 90 年代，随着全球化的发展，国际间资本流动加大，经济理论界普遍得到资本账户开放促进资金流动，有助于一国经济增长的结论。因此，国际货币基金组织开始大力支持和推动其成员国实行资本账户开放，并将各国的资本账户开放情况作为主要的监管对象。1997 年，在国际货币基金组织协定的修订中，临时委员会将原来的加快资本账户开放升级为促进资本账户开放是国际货币基金组织的一个特定目标，赋予国际货币基金组织关于资本流动的适当的司法权。之后，临时委员会在世界银行和国际货币基金组织的第52届年会上，提出把资本账户开放纳入国际货币基金组织的管辖权，并力争订立资本账户自由化的严格定义，明确各成员国的相应义务，以此来使国际货币基金组织的管辖权利得到确立，但至今未具体实施。

2. 经济合作与发展组织（OECD）的规定

经济合作与发展组织（OECD）制定了《资本流动自由化通则》，用以保障各成员国间跨境资本自由流动。该法规要求经济合作与发展组织各成员国必须逐步取消各项资本自由流动的限制，对跨境资本流入与流出，所有成员国不得施加外汇管制，成员国法律法规不得对资本流动的相关交易加以限制。1989年，经济合作与发展组织对《资本流动自由化通则》进行了修订，进一步加强了对跨境资本自由流动的保障，并把货币市场业务、同业市场业务、短期借款等各项短期资本流动也包括在资本流动的管辖范围内。同时还对居民赋予了非居民相同的权利，即组织内各国居民在境外进行的各种资本交易活动不能被加以限制。在这样严格的规定下，经济合作与发展组织成员国的资本账户基本全部实现了开放。

以上介绍了国际货币基金组织和经济合作与发展组织（OECD）对资本账户开放的相关规定与演化，从中不难看出，相较于国际货币基金组织，经济合作与发展组织对资本账户开放的规定更为严格，且促成了其成员国资本账户开放的全部实现。这与两个组织的成员结构是分不开的。经济合作与发展组织的成员普遍经济发展水平较高，实行的是完全市场化经济，而国际货币经济组织的成员构成则较为复杂，既包括先进的发达国家也包括相对落后的发展中国家以及一些欠发达国家，其经济发展水平参差不齐，实行的经济制度也不统一。那么，一国的经济发展水平是否决定着该国的资本账户开放程度的选择？即较高的经济发展水平是否要求较高的资本账户开放水平与之相匹配才能进一步促进经济的增长？同时，资本账户的开放是否也能够促进一国经济发展水平的提高？随着我国经济发展水平的提高，我国的资本账户是否应走向进一步开放？这是值得深入探讨的问题，本书接下来会构建理论模型对此进行探讨。

（三）资本账户开放程度的测算

关于资本账户开放程度的测算主要有两个角度：一种是基于国际货币基金组织（IMF）发表的《汇兑安排与汇兑限制年报》（ARE-AER）中各个国家法律法规对资本账户管制情况。代表性研究主要有：Grilli 与 Milesi – Ferretti（1995）提出的 Share 法，该法根据《汇兑安排与汇兑限制年报》中一国资本账户管制数据，用其样本期内资本账户不受管制的年数与样本期的总年数之比作为衡量样本期内资本账户开放水平指标。其优点是简单可操作性强，缺点是不能具体衡量该国在具体某一年内资本账户开放情况。Quinn（1997）提出了被后来广泛采用的 Quinn 指标法，该方法对资本账户管制的强度进行细分，赋予不同分值，并对资本流入与流出进行区分，通过对各种管制强度如税负轻重等打分，最后总分值来表征一国资本账户开放程度。这种方法因其具体且较为合理，因此被广泛采用。此外还有 Klein 和 Olivei（1999）根据经济合作与发展组织（OECD）发布的《资本流动自由化法规》构造了 K－O 指标法，该法先测算各年度资本账户开放项目比重，再在样本观测年度内进行算数平均，得到一国开放指标。该法也被后来研究中普遍采用。

另一种是基于各个国家跨境资本流动事实来测度一国资本账户开放的程度。主要有三种测度方法：一是 Feldstein 和 Horioka（1980）基于国内投资与储蓄的相关性提出的测度方法，其理论依据是在封闭条件下，一国的投资额必然与本国储蓄相等，当资本账户开放，资金流入或流出，本国投资与储蓄的相关性会降低，因此通过测度本国投资与储蓄的相关程度即可表征该国资本账户开放程度。该想法很好，但是 Obstfeld（1985）利用季度时间序列数据的回归表明，一国投资和储蓄相关度的改变，并不与该国资本管制程度的变化相一致，因此不能表征该国资本账户开放程度的变化。二是利用跨境资本流动额来测度资本账户开放程度。其包括两种方法，一种是一国跨境资金流动额与当年该国国内生产总值 GDP 之比（Karry，1998）；另一种是一国跨境资产或负债额与当年该国国内生产总值 GDP 之比（Lane 和 Milesi‐Ferrett，2007）。由此可见，前者测度的是跨境资金的流量，后者测度的是跨境资金的存量。三是利用利率平价条件来测度资本账户开放程度。其思想是：如果一国资本账户是开放的，其利率必然等于国际利率，利率平价条件成立，如果一国资本账户是不开放的或不完全开放的，那么资金的跨境流动必然有成本，此时利率平价条件不成立。因此，本国与国际利率的近似程度就可测度该国资本账户开放程度。当然，应用此法的前提条件是该国利率为市场化的。

在本书中，我们采用第三种方法即利率平价条件来表征一国资本账户开放程度，其原因有二：一是利率平价条件测度一国资本账户开放程度有着广泛的适用性，其简单且易操作；二是我们主要构建的是理论模型来分析资本账户开放、汇率制度和金融体系改革之间的匹配关系，利率平价条件作为国家与国家间资本流动的条件，引入风险升水表征一国资本账户开放程度到模型中顺理成章。其具体内容包括：

假定本国存在着一定资本管制，外部资金要想进入本国，必然要绕过一定管制，从而产生一定成本，成本越大表示资本账户越为不开放，反之则相反。这种成本也可以看作是本国（资本账户未开放）与外国之间的利差，本国资本账户渐进开放过程即表现成本逐渐减小的过程。考虑到大多数国家资本账户是逐渐放开的（详见后文中世界范围资本账户开放历程的回顾），这个成本也是逐渐降低的，我们用成本的动态变化来刻画资本账户开放过程。

（四）汇率的相关概念界定

1. 汇率

汇率是指以一种货币表示另一种货币的价格。表现为不同国家法定货币之间的比价，决定着国家与国家之间产品与服务的相对价格，是国际经济学中重要而核心的概念之一。在经济学中，从汇率不同作用角度出发常用的两个汇率概念是名义汇率（Normal Exchange Rate）和实际汇率（Real Exchange Rate）。名义汇率是直接表示为两国货币间的价格。它有两种标价方法，一种是直接标价法，即以本国货币表示一定单位外国货币的价格，包括中国在内的世界上绝大多数国家目前都采用直接标价法。在直接标价法下，当一定单位的外币折合的本币数额增加，此时外币币值上升，本币币值下跌，称为本国货币贬值；反之，当一定单位外币折合的本币数额减少，此时外币币值下降，本币币值上升，称为本国货币升值。另一种是间接标价法，即以一定单位的外国货币来表示本国货币的价格，采用间接标价法的国家主要是英国和美国。在间接标价法下，当一定单位本币折合的外币数额增加，此时本币币值上升，外币币值下跌，称为本国货币升值；反之，当一定单位的本币折合的外币数额减少，此时本币币值下降，外币币值上升，称为本国货币贬值。另一种是实际汇率，实际汇率是用两国价格水平对名义汇率进行调整后的汇率，其表达式为 eP^*/P，其中，e 为直接标价法下的名义汇率，P^* 为以外币表示的外国商品价格水平，P 为以本币表示的本国商品价格水平。由此可见，实际汇率表示两国商品的实际价格比（以同种货币表示），反映了本国商品在国际市场的竞争力。实际汇率数值上升，本国商品相对外国商品竞争力上升，有利于本国出口；反之，实际汇率下降，本国商品相对外国商品竞争力下降，促进本国进口。

本书中无论是在泰勒规则中引入的汇率波动，还是在人民币均衡汇率与汇率波动区间的测算，应用的汇率是采用直接标价法表示的人民币相对美元的名义汇率，即 1 美元的人民币价格。

2. 汇率制度

在国内，主流的汇率制度定义主要有两种：一种是刘鸿儒主编的《新金融辞海》给出的较全面定义，为"各国对于确定、维持、调整和管理汇率的原则、办法、方式和机构等做出的系统安排和规定"。其主要内容包括："确定汇率的原则和依据，维持和调整汇率的方法，管理汇率的法令、制度和政策，制定、维持和管理汇率的机构。"另一种是姜波克在《国际金融新编》中的定义，为"一国货币当局对本国汇率水平的确定、汇率的变动方式等问题所作的一系列安排或规定"。其主要内容包括："确定汇率的原则和依据，维持和调整汇率的方法。"由此可见，刘鸿儒汇率制度定义更为强调了管理汇率的法令、制度与机构在汇率制度中的作用，而姜波克的定义强调的是汇率水平与汇率安排。在本书中所涉及的汇率制度主要强调确定汇率的原则与依据，以及维持调整汇率的方法，不涉及法律、制度与机构等问题，因此，我们采用的是姜波克的定义。

对于汇率制度分类，最为权威的当属国际货币基金组织的统计，1973 年布雷顿森林体系解体后，以美元为中心的固定汇率制度崩溃，但是实行浮动汇率制度的国家大都是以美国、英国、德国、日本为首的世界主要工业化国家，大多数发展中国家和地区仍然实行盯住的汇率制度，其货币大都盯住美元、日元、法国法郎等；因此，直到 1999 年，国际货币基金组织根据各国货币当局所宣称的汇率制度类型，把汇率制度简单地分为固定汇率制度与浮动汇率制度。所谓固定汇率制度是指：货币当局把本国货币与他国一种货币，或是一篮子货币的价值固定，而相对其他货币进行浮动的汇率制度。其主要优点是减少经济活动的不确定性，其主要缺点是缺乏灵活性。所谓浮动汇率制度是指：一国汇率完全由市场供求决定，本国政府不对外汇市场进行干预的汇率制度。与固定汇率制度正好相反，浮动汇率制度的主要优点是提高了灵活性，而主要缺点是增加了经济的不确定性。

1999 年，国际货币基金组织将名义汇率制度种类由最初简单的固定与浮动两类分法，扩展为 8 类。按照汇率弹性把汇率制度分为 8 类，分别为：无法定货币、货币局制度、传统盯住、水平带盯住、爬行盯住、爬行带、没有预先路径的管理浮动、独立浮动。

多位经济学家通过对各国汇率波动情况与外汇储备变动情况的研究表明，各国货币当局宣称的汇率制度与本国实行的汇率制度并不相符，表现为害怕浮动。Ghosh 等（1997，2002）、Levy - Yeyati 和 Sturzenegger（2005）等选择汇率波动与外汇储备变动等经济指标对各国汇率制度进行了重新分类。基于各国汇率制度的"名不副实"，国际货币基金组织利用前期各经济学家研究基础，对各国宣称的汇率制度进行了修正，以期反映各成员国真实汇率制度安排。尤其是 2007 年，国际货币基金组织特别强调，国际货币基金组织所提供的汇率制度安排是基于各国汇率弹性的测度、各国在各种正式与非正式情况下对汇率变化管制的承诺以及该国货币框架联系在一起得到的各成员国汇率制度安排，以期真实反映各国汇率制度选择。国际货币基金组织（2007）的事实汇率制度分类结果共划分为 3 大类和 8 小类，分别为：盯住汇率制度（无独立法定货币的汇率管理、货币局管理、其他传统的固定盯住管理）；中间汇率制度（区间盯住汇率、爬行盯住、爬行区间内浮动）；以及浮动汇率制度（无预定路径的管理浮动汇率、独立浮动）。

在本书中，我们用本国货币当局对汇率波动干预的强弱来表征不同汇率制度，如果货币当局对汇率变动干预较强，则本国汇率的弹性较低，对应于相对固定的汇率制度，特别是当汇率稍微变动，货币政策就反应强烈时，对应完全固定的汇率制度。如果本国货币当局对汇率的波动干预较弱，则本国汇率弹性较大，对应于相对浮动汇率制度。尤其是如果本国的货币政策函数中不再包含汇率变动的因素，即本国货币当局不再对汇率波动做出反应，此时对应于完全浮动的汇率制度。同时，我们在研究人民币汇率适宜波动区间时，以不同的汇率波动区间来表示不同的汇率制度：当汇率波动区间较小时，汇率的弹性较小，货币当局实行的是相对固定的汇率制度；当汇率的波动较大时，汇率的弹性较大，货币当局实行的是相对浮动的汇率制度。

第三节　资本账户、汇率制度与金融体系改革历程

本节首先回顾资本账户开放在全球范围的发展历程，简要介绍我国的资本账户开放过程；然后回顾汇率制度在全球范围内的演化历程，简要介绍我国汇率制度的发展历程；最后回顾我国的金融体系改革历程。这些历程的回顾，可以看作是资本账户开放与汇率制度选择的自然实验，为本书接下来的理论分析提供经验证据。

（一）全球范围内资本账户开放的历程

在全球范围内，资本账户经历了资本自由流动到资本管制，再到资本账户开放状态多元化的转变。资本账户开放先由发达国家兴起。之后，发展中国家也逐渐开放了本国的资本账户。下面，我们分发达国家与发展中国家两部分简要地回顾这一历程。

1. 发达国家资本账户开放历程

1816 年，英国开始实行金本位制。随后，金本位制也逐渐在欧洲其他国家和美国等多个国家推行。金本位制是指以金币为本位货币，允许黄金的自由铸造、自由流通和自由输入输出，国家发行的纸币具有无限清偿能力，可以自由兑换成等值的黄金或金币。由于实行金本位制的国家以金币作为本位货币，因此，国家间的货币兑换以各个国家国币的含金量来计算。如果各国的货币对可以自由地与黄金进行兑换，且黄金可以自由地跨国流动，那么任意两个国家的货币都可以自由地实现兑

换。此种条件下，各国的资本账户也就是开放的。因此 1914 年以前的金币本位制下，黄金可以在各个国家间自由地流动，此阶段各国资本账户是开放的。

1914 年，英国的黄金市场被关闭，黄金被禁止输出，国际金币本位制就此瓦解。第一次世界大战以后，一些国家开始实行金块本位制和金汇兑本位制，在金块本位制和金汇兑本位制下，无论在国内市场还是在国际市场，黄金是不允许自由流通的，对黄金的兑换提出了要求，居民只能在指定范围内或特定对象才能用纸币兑换黄金。英国在 1925 年金块本位制下要求兑换黄金的银行券要达到 1700 英镑才能进行兑换，为英镑的兑换设定了条件。因此，这一阶段各国存在着外汇管制，资本账户是不完全开放的。

1929 年，世界性经济危机爆发，引发了全球范围的经济大萧条，金块本位制和金汇兑本位制也随之被各国抛弃。自经济危机开始，欧洲国家国内只允许纸币流通，金币和其他金属货币流通被禁止，国内也就不存在纸币与黄金的兑换问题。由于经济大萧条的影响，各国经济恶化，国际收支出现失衡，各国纷纷放弃自由贸易政策转而实行贸易保护政策，开始对外汇实行严格管制。以英国、法国、美国为首的发达国家，为了巩固本国势力范围，在殖民地或弱小国家推行本国货币，以扩大外汇管制范围，故而这一时期出现了英镑区、法郎区、美元区等货币集团。因此，这一时期的资本账户是受到严格管制的。

第二次世界大战后，战后各国的经济处于恢复时期，出现物资极度短缺现象。为了保障紧缺物资的进口，各国纷纷采用了资本管制这一项政策。这一时期的资本管制主要通过数量管制和价格管制两种手段实施。同时，1929 年经济大萧条时期，凯恩斯主义政策理论诞生，各国纷纷采用国家干预经济政策，这也为第二次世界大战以后，各国实行资本管制提供了合理的理论依据。

1944 年，布雷顿森林体系确立，为实现国际货币秩序稳定，各国货币政策要服务于维持固定汇率这一目标。为了减轻资本流动对汇率稳定的压力，以此维持固定汇率制度，各国普遍实行了资本管制政策。国际货币基金组织在这一时期只是对经常账户下国际资本的支付和转移做出了规定，对资本账户没有做出规定，在其协定的第六条款中指出"成员国可以对国际资本流动采取必要的控制，但是任何成员国对这类管制的实施不得限制经常性交易的支付或过分延迟资金的转移以及各项承诺的交割，除非第七条款第 3 节以及第十四条款第 2 节另有规定"。

1958 年，德国率先取消了对资本流出的所有限制，由于当时德国国际收支处于盈余状态，其货币马克面临升值压力，为了维持布雷顿森林体系下的固定汇价，德国严格管制外部资本的流入。1969 年，德国资本流入限制被解除，后又经两次反复，直至 1981 年，德国的资本账户才完全开放。可见，德国的资本账户开放经过了漫长的过程，是渐进走向开放的，其他主要发达国家的资本账户开放历程具有相同的特点。

1973 年，布雷顿森林体系瓦解，各国可以自由选择本国汇率制度，这使得货币政策制定不再受汇率制度选择的约束，同时金融市场在全球范围扩张，而且控制金融市场的态度也发生了转变。20 世纪 70 年代，发达国家内部的金融创新不断涌现，同时跨国公司开始兴起，这些客观上要求跨国资本的自由流动，对原有资本管制提出了挑战。于是，发达国家顺应这一趋势，逐渐开启了资本账户开放的历程。与此同时，70 年代，发达国家出现了滞胀现象，凯恩斯主张政府管制经济的思想受到挑战；相反，自由主义经济思潮主张市场自由发挥调节机制为滞胀的解决提供了方案。于是各国政府开始放弃政府干预的政策，放松对本国经济的管制。

同时，20 世纪 70 年代兴起的金融自由化理论的研究，为资本账户的开放提供了理论支撑。OECD（1988）的一项研究发现：（1）金融创新的层出不穷，使各国的资本管制困难，成本上升，效果变差；（2）成员国中关键国家开放资本账户的示范效应，使得成员国中其他国家纷纷效仿，也逐渐开始了资本账户开放的进程。

实践中，20 世纪 80 年代末和 90 年代初，OECD 成员国开始了资本账户开放的进程：英国在 1979 年、日本在 1980 年，澳大利亚在 1983 年、新西兰在 1984 年前后相继实现了资本账户开放。欧盟国家如荷兰在 1986 年、丹麦在 1988 年、法国在 1989 年以及比利时、爱尔兰、意大利和卢森堡在 1990 年都实行了资本账户开放，欧盟国家的资本账户开放是其货币一体化进程中重要一环，其后成员国中的葡萄牙和西班牙于 1993 年、希腊与冰岛于 1995 年也相继实现了资本账户的开放。同时欧洲自由贸易联盟一些国家如瑞典在 1989 年、奥地利、芬兰和挪威在 1990 年均实现了资本账户的开放。需要注意的一点是绝大多数发达国家开放资本账户之前先实现了经常账户的开放，且各国资本账户的开放都是渐进的。

OECD 国家资本账户开放后，大多数国家的经济保持了平稳的增长态势。其中在资本账户开放后的 2~3 年内，丹麦、芬兰、德国和瑞士的经济出现了小幅回落，当时，没有证据表明这是由资本账户开放引起的，之后，这些国家的经济再度持续增长。因此，发达国家的资本账户开放没有导致经济的衰退，这为发展中国家起了示范的效应，20 世纪 90 年代，发展中国家也开始了资本账户开放的历程。

2. 发展中国家资本账户开放历程

发展中国家资本账户开放的理论分析表明资本账户开放可以给发展中国家带来诸多的益处：（1）资本账户开放带来外部资本流入可以弥补发展中国家普遍存在的资金缺口；（2）资本账户开放带来直接投资自由流动，可以为发展中国家带来先进技术和现代管理，促进其技术进步与革新；（3）资本账户开放会提高发展中国家金融服务专业化程度，提高国内金融服务效率；（4）资本账户开放可以带来国外同业竞争，可以增强发展中国家各部门市场竞争意识；（5）资本账户开放可以提高发展中国家储蓄转化为投资的金融中介效率；（6）资本账户开放可以缓解发展中国家国际收支失衡；（7）资本账户开放可以使发展中国家居民在全球范围内进行分散投资，有利于其财富的稳定增长。

20世纪60年代中期开始，新加坡、中国香港、巴拿马等拥有离岸金融中心的国家和地区开始着手培育较为宽松和自由的资本账户兑换环境。印度尼西亚走在了发展中国家的最前列，1970年，在经常账户还未开放的情况下，印度尼西亚开放了本国的资本账户。

20世纪70年代后期，拉美国家如阿根廷、智利和秘鲁等开始进行金融自由化改革，提高本国资本账户开放程度。但是，1982年债务危机爆发，这些国家又重新对资本流动施加管制。由于经济全球化和国际金融市场一体化的发展，资本管制的有效性大大降低，逃避管制现象屡屡显现。IMF关于1982年国际债务危机中典型国家的研究发现，虽然债务危机国采取了相应的资本管制措施来抑制资本外逃，但是资本外逃现象屡禁不止，外逃资金数额最高达到上百亿元，近似等同于这些国家出口收入的30%。资本外逃的方式主要包括：伪造或篡改进出口单据，调整进出口合同，母公司与海外子公司之间"迟付早收"或者"迟收早付"进行资金转移等。于是，债务危机国家为了改善外国资本结构，又逐步放开外国直接投资的限制，鼓励长期资本的流入，严格的资本管制逐渐被解除。

同时，推进发展中国家资本账户开放的一个重要原因是经济全球化程度提高。20世纪90年代之前，发达国家基本实现了资本账户开放，而此时发展中国家还普遍存在着资本管制。20世纪90年代，经济全球化的进程大大加快，国家间的贸易量增加，部分发展中国家与发达国家的国际贸易中出现了虚数情况，即对发达国家的贸易数量，这些国家的记录和发达国家的记录明显不相符合。这一现象在与发达国家国际贸易量较大的国家如南非和印度等尤为明显。这表明随着全球化的发展，发展中国家的资本管制已经处于越来越无力的境地。

20世纪90年代，发展中国家开启了资本账户开放的历程。根据IMF的统计，1991—1993年，有12个发展中国家放松了对长期间接投资流入的管制，有3个发展中国家放松了对短期间接投资流入的管制，阿尔及利亚、智利、印度、韩国等十几个发展中国家开放了本国商业银行的外汇业务，还有25个发展中国家取消了对居民外汇业务的管制。截至1994年底，阿根廷、哥斯达黎加、圣萨尔瓦多、印度尼西亚、格林纳达、圭亚那、牙买加、巴拉圭、秘鲁、特立尼达和多巴哥以及委内瑞拉共11个发展中国家实现了资本账户开放。1997年，亚洲金融危机爆发，一些国家为避免资本外逃对本国资本账户实行了管制，但危机后不久，这些国家又逐渐取消了资本管制措施。由此可见，在发展中国家，资本账户开放已然成为必然的趋势。

由以上世界范围资本账户开放历程的回顾可以看出，资本账户的开放是经济发展的需要。早期的资本账户开放处于萌芽状态，但随着全球经济的发展，资本的流动显得愈加重要，所以资本账户的开放是一国经济发展的必然选择。当然，我们通过比较发现，发达国家的资本账户开放先于发展中国家，那么一国的经济发展水平是否决定着资本账户开放对经济增长的作用呢？本书下文中将进行理论探讨。

3. 中国资本账户开放历程与现状

我国政府一直在致力于推进我国资本账户的开放，下面，我们将简要地回顾我国资本账户开放的历程。这也相当于一次自然实验，从中可以得到关于资本账户开放的有益结论。

1949年新中国成立初期，由于西方国家对我国的孤立政策，我国对外贸易局限于少数几个国家，外汇收入有限，外汇市场管理十分严格，采用强制结汇制度，外汇支出完全由外汇的收入决定，个体居民几乎不能拥有外汇。在改革开放初期，我国成立了外汇管理局，外汇管理制度有所放松，计划配给与市场调剂同时存在，形成了官方汇率与市场汇率并存的双重汇率制度，期间鼓励出口创汇，同时鼓励引进外资，弥补外汇供给量不足。1994年我国取消双重汇率制，实行单一盯住美元的有管理的浮动汇率制度，1996年实现了经常账户可兑换。1997年，亚洲金融危机爆发，鉴于中国与东南亚国家经济结构的相似性，中国政府决定暂不进行进一步的资本账户开放，资本账户开放进程趋于停滞，甚至进一步加强了外汇的管制。

2001 年，中国加入 WTO，基于加入 WTO 的承诺（对外国金融机构开放本国的金融市场）与国内企业对外汇交易的灵活性需求上升，我国开始了进一步的资本账户开放进程。2002 年，合格境外机构投资者项目（QFII）启动，迈出了中国资本自由流动的重要的一步。初期，对 QFII 项目管理是非常谨慎的，限额只有 100 亿美元，而后逐渐扩大，2007 年达到 300 亿美元。加强控制的主要目的是引导外部资本进行长期投资，避免突然性撤资的发生。2009 年 12 月，中国外汇管理局进一步简化了境外机构投资者投资限额程序。2006 年，中国开启了合格境内投资者项目（QDII），为国内投资机构投资国外资本市场提供了渠道。QDII 的投资额度增加与投资范围扩展得也很快。但 2008 年金融危机爆发后，QDII 项目出现了集体亏损，外汇管理局一度叫停。随着QDII 项目的实施，中国也放宽了其他金融机构和投资个体对外投资的限制。如保险公司获准在总资产 15% 额度范围选择是否持有外国债券，全国社保基金会于 2006 年底开始对外投资持有外国资产等。

2014 年 5 月 12 日，国务院出台了《关于进一步促进资本市场健康发展的若干意见》。该意见中增加合格境外机构投资者（QFII）投资额度，进一步扩大了人民币合格境外机构投资者（RQFII）试点范围。2014 年 11 月 17 日，经国务院批准，沪港通交易试点正式启动。启动沪港通交易试点，使内地与香港投资者能够互相买卖股票，有利于进一步推动资本市场双向开放，推动资本项目可兑换。继沪港通之后，2016 年 12 月 5 日深港通交易试点正式启动，内地资本市场对外开放又迈出了重要一步，标志着我国进一步的资本账户开放。

我国资本账户也是随着经济发展的需要而不断走向开放的。随着我国经济不断地融入世界经济中，跨国资金流动的需求增加，促进了我国资本账户开放的历程。同时，不能忽视的一个变化是，改革开放以来，我国经济发展水平有了巨大提高，汇率的灵活性也在不断加强，这些变化间的具体关系本书在后面章节详细探讨。

（二）世界范围内汇率制度的演化历程

1. 世界范围汇率制度总体演化过程

1880 年至 1914 年，在主要西方国家内，货币是具有一定成色和重量黄金铸造的金币。并且许可金币可以自由进行铸造，可以自由兑换成黄金，以及可以自由地在国与国间使用。这种货币制度通常被称为金本位制。

在金本位体系下，两国各自货币的含金量，决定了两国货币的相对价格，即汇率。在此种体系下，如果两国货币含金量保持不变，那么两国间汇率就是稳定的。即使因外部影响如国际收支失衡等，汇率偏离含金量之比，但这种偏离也是有限的，因为进口商可以采用黄金进行交易。当然黄金运输会带来成本，但这种成本是可控的，大约为铸币价值的 6%。于是，汇率波动范围被限定在 6%。因此，在金本位制下，汇率表现得特别稳定。以英国为例，1717 年至 1931 年，英镑汇率从未发生波动。因此，金本位制下的汇率制度完全属于固定汇率制度。这种固定汇率制度安排，消除了国际经济交易中汇率波动的风险，使得国际交易在空间与时间两个维度上得以扩展，大大扩展了交易的规模，有利于生产要素的有效配置，促进了国际贸易与国际投资的发展，成就了自由资本主义发展的"黄金时代"。

但是，随着世界经济的发展，这种固定汇率制度也暴露出弊端：它无法兼顾一国经济的内外均衡，且交易量的扩大使得严格与黄金挂钩的货币难以满足需要。因此，经济增长受到制约。第一次世界大战前夕，以金本位制为基础的固定汇率制度被打破，世界范围内没有遵守某一汇率规则，基本处于各行其是的混乱状态。20 世纪 30 年代大萧条时全世界被"汇率战"所笼罩。

1944 年 7 月，西方主要国家代表在美国新罕布什尔州布雷顿森林举行会议，制定了即以外汇自由化、资本自由化和贸易自由化为主要内容的多边经济制度，被称之为"布雷顿森林体系"。在布雷顿森林体系下，汇率采用双挂钩制度，规定美元与黄金挂钩，兑换比例为 1 盎司黄金 =35 美元；其他货币与美元挂钩，各国根据自身情况确定其货币与美元的汇率。虽然美元与黄金挂钩，但是只有外国政府可以用美元兑换黄金，其他个人或组织是不许可自由兑换的。在这种汇率体系下，各国货币对美元的汇率只能在平价上下各 1% 限度内波动，1971 年 12 月后，为了适应交易需要，汇率波动范围调整为平价上下 2.25%。一旦汇率超过规定范围，各国中央银行必须进行外汇市场干预，使汇率回到波动区间内。但是，当一国国际收支发生"根本性不平衡"时，国际货币基金组织会许可该国货币升值或贬值。布雷顿森林体系自成立后，各国的汇率相对是稳定的，贬值或升值的事件很少发生，尤其是 1949 年至 1966 年各主要国家汇率几乎没有变化。

布雷顿森林体系下，美元成为世界流通货币，改变了金本位制下黄金储备限制货币供给的局面，同时，稳定的汇率制度安排，削减了国际交易的风险，极大地促进了国际贸易和国际投资，西方主要国家经济处于快速发展阶段。美元作为国际储备货币面临着两项任务，维持美元价值与提供各国清偿能力。各国不断积累美元储备，美国必将面临着赤字，再加上越战的影响，美元与黄金挂钩的压力呈现。1971 年 8 月，美国总统尼克松宣布美元贬值和美元停兑黄金，布雷顿森林体系开始崩溃。1973 年 2 月，美元第二次贬值，欧洲国家及其他主要资本主义国家纷纷退出固定汇率制度，布雷顿森林体系彻底瓦解。

1973 年至 1975 年，国际汇率制度处于混乱状态。美元汇率持续下滑，各国汇率波动加剧。1976 年 1 月，世界货币基金组织在牙买加达成协议，承认固定汇率和浮动汇率同时并存，各会员国可自由选择汇率制度，被称为牙买加体系。严格地说，牙买加体系是对布雷顿森林体系解体后国际汇率制度现状的确认，而非一种新的国际汇率制度。

牙买加体系下，国际汇率制度的基本格局是浮动汇率安排为主、多种汇率安排并存。对各国的汇率制度安排，货币基金组织进行了统计与分类，按照汇率灵活性大致分为三种：一是可调整的盯住汇率制，包括盯住单一货币和盯住一篮子货币；二是有限灵活的汇率制，包括相对于一种货币的有限灵活和合作安排；三是浮动汇率制，包括根据一套指标调整的浮动汇率制、管理浮动汇率制和单独浮动汇率制。在这一体系下，一个显著的特征是相当一部分发展中国家的汇率安排是动态变化的，随着本国经济的发展，盯住单一货币的国家改为盯住一篮子货币或采用浮动汇率制，盯住一篮子货币的国家选择实行浮动型，即随着经济的发展，一国的汇率制度安排趋向于浮动。

纵观世界范围内汇率制度的演化，从金本位制与布雷顿森林体系下的固定汇率制度，到现今牙买加体系下的多种汇率制度并存，汇率制度的选择向多元方向发展。但是，从中我们也可以看到，金本位制与布雷顿森林体系下的固定汇率制度促进了世界范围的贸易与投资，而随着经济发展水平的提高，固定汇率制度的弊端显现，迫使各国从本国的角度对汇率制度进行调整。而且选择的结果是发达国家采用浮动汇率制度，发展中国家汇率制度随着经济发展水平的提高而趋向浮动，那么经济发展水平是否决定一国汇率制度的选择？本书下文将构建理论模型探讨这一问题。

2. 中国汇率制度改革历程与现状

人民币汇率制度问题一直备受学界与政界的关注，从早期的官方汇率与调剂汇率并存，到1994年官方汇率与调剂汇率并轨和2005年参考一篮子货币有管理的浮动汇率制度的确立，再到2015年汇率中间价形成机制的重大变革，人民币汇率改革不断深入，人民币汇率的灵活性不断加强。自2015年，IMF把人民币汇率定位为爬行盯住。下面，我们分四个阶段，回顾人民币汇率的改革过程，这相当于进行自然实验，为本书后面的理论分析提供支撑。

（1）1949—1978 年计划经济时期的人民币汇率制度

1948 年，中国人民银行成立，并于同年 12 月 1 日，对当时我国货币进行统一，规定人民币是我国法定货币，开始正式发行流通。对于外贸交易时，人民币汇率的确定采用当时国内与国际的物价水平，而没有参照两国货币价值。1950 年，新中国经济状况基本得到稳定，我国财政制度得到统一。1952 年底，我国物价水平有效降低。同时，美国对新中国采取全面封锁，考虑到国内物价水平下降与国内进口需求，我国降低了人民币汇率。这一阶段，国内物价水平变动决定了人民币汇率变动。1953 年，我国全面实行计划经济体制，人民币汇率制度也进入高度固定时期。

1953 年经济体制改革后，我国进入社会主义改造阶段，对私营进出口商与外贸公司进行了社会主义改造，遵循进出口统筹计算的制度体系。当时，国际货币体系正值布雷顿森林体系运行阶段，规定各国货币相对美元固定以及美元与黄金以固定价格兑换的金汇兑本位制，我国按照汇算成本进行换算得到人民币汇率，以保持人民币汇率基本稳定。当外国货币发生贬值与升值调整时，人民币汇率也相应做出调整。布雷顿森林体系瓦解前，各国汇率基本稳定，人民币汇率也保持在稳定状态。当时，我国政府在计划经济体制下对外汇进行完全计划管制。外贸企业的盈亏直接由国家财政部进行平衡，对外贸易中外汇收入按指定价格卖给国家，对外贸易中外汇支出则由国家统一进行分配。

1973 年，布雷顿森林体系解体，主要发达国家的汇率制度普遍由固定转向浮动，汇率的波动加大。为了避免外部主要货币汇率波动的影响，以期最大限度保证人民币汇率稳定，我国政府决定人民币汇率采用盯住一篮子货币的汇率制度，并重新对人民币汇率价格进行了测算。此时坚持的基本原则为以下三点：一是稳定人民币汇率水平作为前提条件；二是始终坚持平等互利的对外经济贸易往来，同时要大力促进对外贸易的发展；三是人民币汇率制度进行改革过程中要不断参考国际上具有代表性的货币。但是，由于准货币和各国货币的权重在货币汇率改革过程中不断发生变动，人民币汇率并没有得到稳定，而是处于不断变化中。因此，该时期盯住一篮子货币的汇率制度对人民币汇率的稳定确实起了一定的作用，但是由于一篮子货币币种的选择和各种货币权数的确定缺乏客观依据，对人民币汇率的稳定作用减弱。同时，人民币汇率水平的合理性也失去了基本的保障。在国内外市场价格中出现了较大偏离的情况下，人民币汇率调节作用减弱。

由此可见，在1949—1978年计划经济体制下，我国人民币汇率制度才刚刚起步，处于不断探索与调整的过程中。这一时期经济发展水平较低，人民币汇率主要以固定为主。但是1973年布雷顿森林体系解体后，人民币汇率制度"参考一篮子货币"与人民币汇率形成的基本原则，包括稳定人民币汇率与促进对外贸易发展，具有前瞻性，为后来人民币汇率制度改革提供了有益指导。

（2）1979—1993年转型时期的人民币汇率制度

1979年，随着改革开放，我国的对外贸易激增，在我国外汇体制中，市场化因素凸显。我国政府根据当时经济情况为了刺激出口增加贸易收入，制定并开始实施"汇率双轨制"，即内部结算价和对外公布汇率不一致的汇率制度。其适用于进出口贸易汇兑的内部结算价固定为2.80元人民币/美元。适用于非对外贸易的汇兑价为对外公布的官方汇率，其固定为1.50元人民币/美元。这一制度为鼓励我国出口创汇起到了重要作用。1981年，美国为应对国内通货膨胀，开始实施紧缩性货币政策，提高美元利率，美元回流，且当时我国正经历着高通货膨胀，人民币相对美元持续贬值。在此种情况下，我国政府决定人民币官方汇率由1.5元人民币/美元下调至2.30元人民币/美元。

随着汇率双轨制的实施，其弊端逐渐显现，主要体现在两个方面：一是增加国家对外汇管理难度，表现为汇率双轨制区分内部结算价与官方规定汇率价，操作难度大，增加了汇率核算复杂性；二是由于其违背了市场经济公平竞争原则，不利于企业经营机制转变。汇率双轨制为国内贸易型企业提高了汇率，增加了企业收入，使非贸易型企业在竞争中处于不利地位，抑制了其发展。于是，1985 年 1 月，中国人民银行废除汇率双轨制，将人民币汇率的贸易内部结算价与官方公布价进行统一，实施单一汇率的政策，在新的单一汇率政策下，人民币兑美元汇率统一调整为 2. 80 元人民币/美元。

为了应对 1986 年全国范围出现的恶性通货膨胀，1986 年 7 月 5 日，人民币汇率由原先的 2. 8 元人民币/美元大幅下调至 3. 7 元人民币/美元，贬值幅度为 32%。之后为了促进出口增加对外贸易额，人民银行多次对人民币汇率进行贬值调整，1990 年末，人民币汇率贬值到 5. 22 元人民币/美元。

1991 年 4 月 9 日之后，人民银行参考国外主要外汇市场汇率变动情况并根据我国经济发展现状，改变了原来一次性大幅调整的汇率调整方式，开始了多次小幅缓慢调整的探索。这一时期的人民币汇率具有管理浮动汇率制度特点。1993 年末，人民币汇率已贬值到 5. 72 元人民币/美元。

1988 年至 1993 年，虽然汇率双轨制度已经废除，但是出现了以外汇调剂市场供求为基础的人民币汇率形成机制，进出口企业外汇留成是外汇调剂汇率的根源。1980 年，国家允许出口企业可以按照出口创汇的一定比例以额度的形式持有外汇，并可以将外汇额度自行支配或者转让给需要额度的企业。这部分外汇称为外汇留成。这使得外汇在银行市场外流动成为可能。为了鼓励出口创汇，上海、北京等大城市开办了外汇调剂业务。特别是 1986 年经济特区的成立，外汇调剂业务得到了迅速发展，其俨然成为了人民币的影子汇率。1988 年，国内多个外汇调剂中心与上海"外汇调剂公开市场"成立，标志着人民币汇率的市场化机制的形成。这种状态直到 1994 年人民币汇率制度改革才结束。

这一时期人民币汇率制度的突出特点主要有三个：一是人民币汇

率政策，是刺激出口与促进外贸政策目标的作用结果，因此，国家外贸政策对我国汇率政策制定有着至关重要的作用；二是人民币汇率持续贬值，表明人民币处于严重高估的状态，人民币汇率从大幅调整到小幅调整趋近于管理浮动状态，是人民币汇率对均衡汇率的回归；三是调剂汇率的发展，开创了人民币汇率市场化的先河，为后来人民币汇率定价提供了有力的参考。

同时，1979—1988 年，我国的外汇管理体制也发生了一些重要转变（孙萌，2010）。第一，外汇留成制度在改革开放以后开始推行。第二，由中国银行单独开展人民币汇兑业务转变为多种金融机构经营外汇业务。第三，放宽对国内普通居民的外汇管制。这一政策具体表现在允许境内普通居民买卖外汇，允许外汇存款。第四，外汇兑换券的发行。因此，在这一期间，外汇相关的金融制度与体系快速发展，为人民币汇率的市场化改革与银行间人民币外汇市场的建立打下了坚实基础。

总体来看，这一时期改革开放的序幕刚刚拉开，我国的对外贸易有所增长，外汇的获得量有所增加，但仍然不能满足国内的外汇需求，从而出现了汇率双轨制这一过渡性的汇率制度。而且对外汇率与外汇调剂市场汇率一定程度上反映了我国外汇市场的供求，是人民币汇率的影子汇率，有助于下一阶段人民币汇率汇价发现，是对浮动汇率制度的大胆尝试，这一时期，我国的经济发展水平有所提升，相较于计划经济阶段，人民币汇率摆脱了硬性的规定，具有一定的灵活性。不可否认，外汇管理体制的转变对这一时期的汇率制度转变起到了助推的作用。

（3）1994—2005 年市场经济体制建设初期人民币汇率制度

1993 年 11 月，中共十四届三中全会上明确提出把"全面建设社会主义市场经济体制"作为改革发展目标。依据此目标，我国对人民币汇率制度于 1994 年 1 月 1 日进行了一次重大改革，人民银行规定人民币汇率实施以市场供求为基础、有管理的浮动汇率制度。国内同时存在市场调剂汇率 8.70 元人民币/美元和官方汇率 5.80 元人民币/美元两种汇率并轨，实施单一汇率制度，规定 1 美元固定地兑换 8.70 元人民币。这是我国汇率制度史上的一次重大变革，表明了人民币汇率改革市场化的方向，代表着人民币汇率制度向着更加灵活的方向发展。

此次改革之后，人民币汇率制度从属于有管理的浮动汇率制度。浮动和管理并存是当时汇率制度的特点：银行公布的人民币兑美元汇价可以在央行公布的基准汇率上下浮动 0.3%，1996 年 7 月之后，在基准汇价基础上，银行公布的人民币兑港元和日元汇价可以上下浮动 1%，这些体现了人民币汇率的浮动性；央行设定各指定银行外汇周转额度的上限，规定其超出买卖限额的部分必须进行抛补。同时，央行也多次运用公开市场操作手段调节外汇供给和需求，以稳定人民币汇率，这些体现了央行对人民币汇率的"管理"。

与此同时，人民银行规定 1994 年 1 月 1 日以后，取缔外汇留存、上缴和外汇限额的制度，全面实施结售汇制度。这一制度包括两部分内容，即结汇与售汇。结汇是指指定银行用人民币向外汇持有者换取外汇。售汇是指银行向外汇需求人员售出外汇，换取人民币。结汇方式主要有三种，分别为强制结汇、意愿结汇和限额结汇。强制结汇指创汇机构和企业必须将其外汇收入出售给指定银行。意愿结汇指企业可以选择将外汇收入出售给指定银行，或者将其保留在开设的特定账户之中。限额结汇指央行事先设定一个限额，在此限额之内企业外汇收入可以意愿结汇，对超出该限额的外汇收入实施强制结汇。在结售汇制度刚开始实施阶段，当时的结汇方式只有强制结汇和限额结汇两种。对一般中资企业采取强制结汇的方式。一些中外合资企业和一些运营情况较好的大企业可以采取限额结汇。结售汇制度在一定程度上促进我国外汇储备的增长，确保了进口用汇的需求。

1994 年 4 月 1 日，考虑到结售汇的实施使得银行无法根据市场供求情况对不同外汇品种进行合理配置隐藏的银行外汇风险，我国正式建立银行间外汇市场。银行间外汇市场的建立统一各地方的外汇市场，终结了多个地方市场同时存在的局面。从此以后，央行可以在银行间外汇市场买卖外汇，从而可以间接而有效地调控外汇市场。同时，银行间外汇市场的建立为我国资本账户的开放奠定了基础，也是我国金融体系改革中的重要一步。由此可见，汇率制度改革、资本账户开放与金融体系改革有着密切的联系，这正是本书所要探讨的主要内容。

这一时期人民币汇率形成的具体方式可分为三步：（1）经营外汇业务的银行参考用汇企业外汇结售情况以及央行规定的周转限额在交易市场上买卖外汇，通过市场交易行为形成人民币汇率；（2）央行以银行间外汇市场前一交易日形成的美元兑人民币汇率为基准，用其加权平均值作为当天人民币汇率的基准；（3）经营外汇业务的银行再根据这一基准值算出其他外币与人民币之间的汇率。这一政策消除了多种外汇调剂价格并存的局面，同时，依据市场供求情况调节人民币汇率，向人民币汇率市场化迈出了一大步。

1996 年 12 月 1 日，人民银行取消了经常项目下资金国际转移和支付限制，实现了人民币经常项目可兑换目标。1996 年 12 月 1 日之后，经常项目交易中尚存汇兑限制全部被取消，达到《国际货币基金组织协定》中第 8 条的具体要求，人民币实现了经常项目可自由兑换。随着人民币经常项目可自由兑换的开展，外汇额度交易增加，更有助于人民币汇率的市场化方向发展。

1997 年东亚金融危机爆发，东亚新兴经济体纷纷放弃固定汇率制度转而采用浮动汇率制度，本国货币出现大幅贬值。我国当时资本项目还处于较严格控制状态，因此，金融危机并没有传染到我国。但是，由于周边国家货币贬值，我国产品竞争力下降，我国出口受到了较大影响。考虑到人民币汇率贬值会进一步恶化危机国家经济，我国采取了负责任大国的态度，坚持了人民币汇率不贬值，有效缓解了危机国家的经济创伤。与此同时，当时的国际金融市场对人民币汇率贬值存在着强烈预期，我国出现了大量国际资本撤退现象，从而在保持人民币名义汇率不变的条件下，人民币实际有效汇率出现小幅贬值，对扭转我国国际收支顺差下降起到了一定的作用。总体来看，人民币汇率不贬值这一事件对我国经济造成了一定影响，但是，通过危机时人民币汇率不贬值，确立了人民币汇率的信誉，这对于当前人民币国际化推进是大有裨益的。

2001 年，我国加入世界贸易组织 WTO。贸易关税大幅度下降，大大刺激了我国出口。同时，由于同年美国为应对网络泡沫的破灭与"9·11"事件的冲击，大幅下调国内利率，造成了美元相对其他主要经济体货币走低，致使盯住美元的人民币汇率对其他主要经济体的货币也出现了大幅贬值。这两种因素促进了我国出口增长。据统计，2002 年至 2004 年我国连续三年年均出口增长超过了 23%。我国对美国贸易顺差表现为逐年扩大，据 IMF 统计，2002 年中国对美国贸易顺差为 428.1 亿美元，到 2005 年贸易顺差激增到 1143.5 亿美元。基于我国出口迅速增长以及对美国的巨额贸易顺差，国际社会出现了要求人民币汇率升值的呼声。

2004 年，G7 会议期间，以国际货币基金组织为代表的国际机构与主要发达国家代表均要求人民币放弃盯住美元的汇率制度。这造成了国际社会对人民币汇率升值的强烈预期，进一步引发大量为获得利差与汇差双重收益的国际资本流入我国。从我国国际收支表看，2003 年我国资本与金融账户顺差为 527 亿美元，到 2004 年，这一顺差已达到 1106 亿美元。同时，外部资金的涌入，缓解了国内资金匮乏，给国内经济创造了宽松的信用环境，促成了我国经济高速增长。2003 年我国实际 GDP 增长率突破了两位数，到 2007 年上升到 14.2%，创造了中国经济奇迹。

总结这一阶段人民币汇率制度不难发现，1994 年人民币汇率制度为这一阶段近十年的经济发展奠定了重要基础，促成了我国经济腾飞。这一阶段的人民币汇率定价机制以市场供求为基础，有利于人民币均衡汇价发现。同时，1997 年，人民币坚持不贬值政策，确立了人民币的国际信誉。而 1997—2005 年，人民币汇率基本稳定在 8.27 元人民币/美元，这一时期，基本上实行的是盯住美元的固定汇率制度。当时我国正处于全面建设社会主义市场经济初级阶段，对外出口对我国的经济起了至关重要的拉动作用，这种汇率制度安排有效降低了对外贸易风险，同时也降低了外部资金流入的汇率风险，促进了外部资金流入，两者对我国经济增长起到了重要的保障作用。但是，随着我国贸易顺差持续增加与经济发展水平的提高，人民币汇率升值压力不断显现。由此我们也可得到，当一国的经济发展水平较低，外汇市场不完善、避险工具匮乏，采用相对固定的汇率制度会有助于该国经济发展水平提高与外部资产积累。随着经济发展水平提高与外部资产积累，汇率制度的改革也成为必然。

（4）2005 年至今新时期人民币汇率制度改革与探索

为了适应市场需要，2005 年 7 月 21 日，中国人民银行宣布进行人民币汇率制度改革。本次改革的具体内容如下：（1）2005 年 7 月 21 日之后，我国开始实施以市场供求为基础，参考一篮子货币进行调节，有管理的浮动汇率制度。人民币汇率不再盯住美元，而是参考一篮子货币进行调节。（2）央行在每个交易日收市之后公布当日美元等外汇对人民币汇率的收盘价，并将其设定为下一个交易日的外汇中间价。（3）7 月 21 日 19：00，人民币与美元之间的兑换比率一次性地从 8.27 调整至 8.11，人民币升值 2.1%。指定经营外汇业务的银行可从此时调整人民币汇率的挂牌汇价。（4）在央行公布的中间价基础上，银行间外汇市场美元兑人民币汇率的浮动范围调整至 3‰，其他外汇兑换人民币汇率的浮动范围为 1.5%。（5）根据供给和需求的情况以及当前的经济金融形势调整汇率浮动区间。央行以市场供求为基础，参考一篮子货币对人民币汇率进行调节和管理，确保汇率的正常浮动，保持人民币汇率的合理性与稳定性，促进国民经济的健康发展。

2005 年汇改突出了之后人民币汇率变化的三个特点：一是以市场

供求为基础，强调了汇率形成的市场性与客观性；二是参考一篮子货币，不再是单一盯住美元，而是综合考虑外汇市场上美元、欧元、日元、英镑和澳大利亚元等世界主要货币的供求情况与其汇率变化情况，这对于稳定我国贸易收支是大有裨益的；三是人民币汇率的基本稳定，考虑到我国当时外汇交易市场不发达，避险工具匮乏，而对外出口又是拉动经济增长的引擎，汇率的稳定对我国外汇贸易以及外部资金流入提供了有力的保障。因此，2005 年的汇改是人民币汇率制度改革又一里程碑式事件。同时，为了培育人民币自由浮动的外部环境。2005 年 8 月，央行开展了指定经营外汇业务银行的远期结售汇业务和外币与人民币的掉期业务，旨在满足国内个人和企业规避汇率风险的需求。2005 年 9 月 23 日，中国人民银行宣布扩大即期银行间外汇市场非美元兑换人民币汇率的浮动范围，由 1.5% 扩大到 3%；取消银行对客户挂牌的非美元汇率价差限制。此两项举措为人民币走向自由浮动奠定了一定基础。

2005 年 7 月后，人民币对美元名义汇率进入升值通道，但我国对美国贸易顺差并没有发生重大变化。贸易顺差加上国际资本的净流入，我国外汇储备急剧增长，2006 年我国外汇储备突破了 1 万亿美元，成为全球外汇储备最多的国家。与此同时，巨额的外汇占款造成了我国流动性过剩，推高了股票价格与房地产价格，居民消费价格指数 CPI 也一度越过警戒线，我国经济出现过热现象。而当时表现出来的双顺差与经济不平衡问题也成为当时经济学界关注的焦点。2007 年，人民银行继续推进人民币汇率市场化进程，扩大人民币汇率波动区间。于同年 5 月 18 日，人民银行宣布将银行间即期外汇交易市场每日美元兑人民币汇率波动幅度由原先的 0.3% 扩大到 0.5%。

2007 年 7 月，美国次贷危机爆发，并逐渐演变为全球性金融危机。面对外部需求下降，为了避免我国经济硬着陆，我国推出了"4 万亿元经济刺激计划"，人民币汇率也结束了长达三年的汇率升值，自 2005 年

7月至2008年7月，人民币兑美元汇率由8.27元人民币/美元逐渐上升至6.82元人民币/美元，大约升值了17%。2008年后，人民币由原来的爬行盯住篮子货币转变为爬行盯住美元，人民币对美元汇率保持了短暂的稳定。2008年第三季度到2010年第二季度，人民币对美元汇率基本上保持了6.8元人民币/美元的水平。而在此阶段，由于美国经济下滑，美元实际有效汇率进入贬值通道，人民币实际汇率也就跟着美元进入了贬值通道。这有助于当时我国出口改善，对于提振经济起到了一定作用。此阶段财政政策、货币政策与汇率政策的搭配，有效地保障了我国经济平稳过渡。

2009年，我国外汇储备已达到2万亿美元，我国国内经济环境基本稳定。2010年6月19日，人民银行宣布重启人民币汇率制度改革，此次汇改更加强调加强人民币相对一篮子货币汇率的变化，人民币汇率重新进入了升值轨道。2010年6月至2015年8月，人民币兑美元汇率从6.8元人民币/美元逐渐升值至6.1元人民币/美元，大约升值了11%。

2015年8月11日，人民银行公布对人民币中间价报价机制进行改革。做市商在每日银行间外汇市场开盘前，参考上日银行间外汇市场收盘汇率，综合考虑外汇供求情况以及国际主要货币汇率变化向中国外汇交易中心提供中间价报价。人民银行的这一改革旨在促进人民币汇率市场化改革，培育汇率的市场化形成机制，但也就此改变了人民币汇率每年大约升值2%的预期。市场对人民币贬值预期飙升至7%~8%，在接下来的两个工作日内，人民币汇率接连触及汇率波动区间上限，人民银行被迫干预外汇市场。致使2015年8月13日，人民银行不得不中止了参考前日收盘价确定当日中间价的汇改试验。2015年12月11日，中国人民银行在中间价中进一步引入了"篮子货币"，并公布了确定汇率中间价时所参考的三个货币篮子即CFETS（中国外汇交易中心指数）、BIS与SDR。2016年2月央行进一步明确，做市商的报价要参考前日收盘价加上24小时篮子汇率的变化。并在2016年5月8日初步形成了以"收盘价 + 篮子货币"为基础的人民币汇率形成机制（余永定，2015）。此后人民币汇率预期相对稳定、人民币贬值压力降低。在此期间，人民币兑美元汇率由 6.1 元人民币/美元贬值至 6.9 元人民币/美元，贬值了 14%。

2017 年初，大型国际投机者做空人民币，导致我国外汇储备大量流出，市场预期人民币汇率将会贬值。2017 年 5 月 26 日，央行宣布在人民币兑美元中间价报价模型中引入逆周期因子，把"收盘价 + 篮子汇率"定价模式扩展为"收盘价 + 篮子汇率 + 逆周期因子"的定价模式。人民银行强调，引入逆周期因子的核心目的，是为了对冲外汇市场上非理性"羊群行为"造成的收盘价持续贬值压力，强化人民币兑美元汇率的双向波动（张明，2017）。2016 年末至 2017 年 10 月中旬，人民币兑美元汇率由 6.9 元人民币/美元升值到 6.6 元人民币/美元，升值了 5%。可见，逆周期因子的引入有效扭转了市场预期，重创了做空人民币的投机者，保证了人民币汇率的基本稳定。

这一时期的汇率制度改革表现为人民币汇率由市场力量决定的持续升值，虽然 2008—2010 年有所反复——持续了一段时间盯住美元的汇率制度，但是现实表明，原有的制度体系已经成为经济发展的障碍，表现为结汇导致外汇占款增加，造成国内流动性过剩，促成股市与房地产泡沫的形成等客观事实。在这一时期，我国采取了渐进式升值的方式，使得升值过程平稳过渡，降低了对经济的冲击，这是成功的。同时，我们也看到人民币汇率市场化的过程是不断探索与尝试的过程。从 2016 年 5 月形成的"收盘价 + 篮子汇率"定价模式的初探，到 2017 年 5 月"收盘价 + 篮子汇率 + 逆周期因子"定价模式的转变，是人民币汇率形成机制不断完善与发展的过程。总体来看，这一时期，我国的经济发展水平进一步提高，人民币汇率形成机制不断向市场化迈进。

以上详细地回顾了我国人民币汇率制度的演化过程，从 1948—1978 年计划经济阶段的固定汇率制度，到 1979—1994 年转型时期的汇率制度双轨制，再到 1994—2005 年的盯住美元的有管理的浮动汇率制度初探，直至 2005 年至今的人民币汇率市场化改革探索，虽然中间过程有反复，且这一过程受到其他制度的影响，但总体来看人民币汇率制度是向着越来越灵活的方向发展。同时，我们也看到在一定时期经济发展水平滞后、外汇市场不完善，固定汇率制度促进了我国经济的发展，但是实践也表明，这种发展模式受到其他制度的制约，是不可持续的。

目前，不能忽视的一个事实是，我国已从贫穷落后的发展中国家成长为经济增长迅猛的新兴市场经济体，经济总量有了显著提高。2015 年我国 GDP 已经达到 113 830.3 亿美元，现已跃升为世界上仅次于美国的第二大经济体，人民的生活水平有了显著提高。经济发展水平的提高是否要求更加灵活的汇率制度与之相适应，同时，目前人民币汇率的均衡汇率应该是多少，人民币处于高估还是低估状态？人民币汇率的波动区间设定由哪些因素决定，目前的区间值是否合适？这些问题是迫切需要解决的，这正是本书接下来探讨的问题。

（三）中国金融体系改革历程与现状

封建时期，中国的金融市场有了初步发展，那时的金融机构一般是一些钱庄、银号、票号等，为当时商贸活动提供资金融通方便，有点类似于现代的银行。1948 年，中国人民银行成立，正式发行人民币，1949 年 5 月 5 日，人民币在全国流通使用，标志着中国新的货币体系建立。在"大跃进""文化大革命"期间，国内刚刚起步的金融体系受到重创，直到 1978 年，中国金融改革才拉开序幕，这段时间，中央银行的框架基本确立，主要国有商业银行基本成形，资本市场上股票开始发行，保险业得以恢复，适应新时期改革开放的金融体系初见雏形。1979 年 10 月，中国国际信托投资公司成立，揭开了信托业发展的序幕。1983 年 9 月，国务院颁布了《中国人民银行专门行使中央银行职能的决定》，标志着中国中央银行制度初步确立。1986 年 1 月，国务院颁布了《中华人民共和国银行管理暂行条例》，使中国银行监管迈出法制性的一步。1990年11月，上海证券交易所成立，自此，中国证券市场发展开启了崭新的篇章。随着证券业的发展，证券业的监管问题出现，1992年10月，中国证券监督管理委员会正式挂牌成立，由此迈出了我国金融"分业经营"与"分业监管"的重要一步，标志着中国证券市场统一监管体制的形成。1994年3月，三大政策性银行——国家开发银行、中国进出口银行与中国农业发展银行成立，标志着中国政策性银行体系框架基本确立。1998年11月，中国保险监督管理委员会成立，这是保险监管体制的重大变革，标志着中国保险监管机制与分业监管体制的确立。

随着2001年12月，中国正式加入WTO组织，中国金融业改革步伐加快，正式开始了分步骤地开放。2002年12月，《合格境外机构投资者境内证券投资暂行管理办法》实施，这是中国资本市场融入全球化资本市场体系迈出的第一步。2003年3月，中国银行业监督管理委员会成立，中国金融监管的"一行三会"制度形成，银监会、证监会与保监会的成立标志着中国现代金融体系的确立。从2007年1月4日，上海银行间同业拆借利率正式运行，促进了货币市场进一步发展。2009年11月，银行间市场清算所股份有限公司成立。建立清算所，是主动应对国际金融危机、加快金融市场改革和创新发展的重要举措。近年来，世界各国对场外金融市场集中清算问题非常重视。清算所的成立标志着中国金融国际化的重要一步。2013年8月22日，国务院正式批准设立中国（上海）自由贸易试验区。9月27日，国务院正式印发了中国（上海）自由贸易试验区总体方案。在金融改革方面，方案明确在风险可控前提下，可在试验区内对人民币资本项目可兑换、金融市场利率市场化、人民币跨境使用等方面创造条件进行先行先试。2014年3月10日，银监会经报国务院同意，确定了5家民营银行试点方案。设立民营银行是打破银行业垄断的风向标式的破冰之举，标志着民营资本进入金融业的政策"玻璃门"已被拆除。2016 年 10 月，人民币货币加入 SDR，这是人民币国际化的里程碑事件，是对中国经济发展成就和金融业改革开放成果的肯定，人民币作为储备货币和投资货币的功能将显著增强。2018年，银监会与保监会合并，开启中国金融改革新篇章。

以上回顾了世界范围内资本账户开放与汇率制度选择的历程，从历史经验角度看，经济发展水平决定着资本账户开放与汇率制度选择。同时结合资本账户开放与汇率制度变革的历程，不难发现，两者均发生在 20 世纪 70 年代，那么两项改革应如何匹配？同时，中国金融体系改革如何与资本账户开放和汇率制度改革匹配？这些是本书所要探讨的主要内容。

第四节　研究目的、结构安排与创新

（一）研究目的

作为近五年的纲领性文件，"十三五"规划中明确提出我国将稳步推进资本账户开放，汇率制度改革与金融体系改革，那么三项改革如何匹配进行以及资本账户开放与汇率制度改革如何与本国的经济发展水平与金融发展水平相适应是一个重要而且迫切需要解决的问题。这里主要构建新凯恩斯 DSGE 理论模型试图对该问题进行了回答，主要研究目的有六点：

1. 资本账户开放与汇率制度改革应如何匹配才能实现本国福利最优的理论分析，为中国资本账户开放与汇率制度改革匹配提出建议。

2. 资本账户开放与经济发展水平间的匹配关系，即资本账户开放如何与本国经济发展水平相适应的理论分析，为中国资本账户开放过程提出建议。

3. 资本账户开放与金融体系改革次序的理论分析，传统的理论通常认为一国应先进行金融体系改革再开放资本市场，本书通过福利分析对该理论进行了有益的补充，为中国两项改革的匹配提出建议。

4. 人民币名义均衡汇率的测算与人民币汇率适宜波动区间的估计和影响因素分析，为人民币汇率的改革提出建议。

5. 汇率制度与一国的经济发展水平如何匹配的理论分析，即一国的经济发展水平要求怎样的汇率制度与其相适应，为我国的汇率制度改革提出建议。

6. 汇率制度改革与本国的金融体系改革如何匹配才能实现本国的福利最优的理论分析，为我国的汇率制度改革与金融体系改革的匹配提出建议。

（二）结构安排

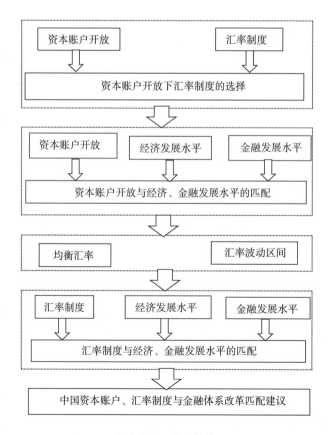

图 1.3.1　本书结构

（三）研究的创新

本书主要是利用新凯恩斯 DSGE 的框架分析我国资本账户开放、汇率制度改革与金融体系改革之间的匹配关系，主要的创新有以下三点：

1. 改造 gali（2005）原有的完全开放型新凯恩斯模型，采用小国假设，推导得到新的产出波动与通货膨胀率的动态方程，并利用利率规则与利率平价条件得到汇率变动的动态方程。此三个方程组成新的动态系统，用于分析资本账户开放、汇率制度改革与金融体系改革的匹配问题。

2. 量化资本账户开放速度、汇率制度、金融发展速度、经济发展水平等概念，在构建新的动态系统中，分别引入两两因素，通过数值模拟与福利分析，探讨资本账户开放与汇率制度、资本账户开放与经济发展水平、资本账户开放与金融体系改革、汇率制度与经济发展水平、汇率制度与金融体系改革的最优匹配关系，通过数值比较得到定性结论。

3. 结合汇率的货币分析法与巴拉萨—萨缪尔森效应，推导出名义均衡汇率的表达式，计算人民币汇率相对美元、欧元与日元的名义均衡汇率，对人民币汇率币值进行判断。并利用均衡汇率的表达式与在经典框架和新凯恩斯框架中引入汇率波动区间，得到汇率波动区间的决定因素与适宜的值。

Chapter Two

新凯恩斯分析框架 | 第二章

1991 年，新凯恩斯经济学诞生，它因吸收了凯恩斯理论与新古典理论的精华，更贴近现实，而被广泛应用。本部分首先介绍新凯恩斯理论的历史沿革，然后介绍其基本的分析框架，最后对本章参数的校准值进行说明。

第一节　新凯恩斯框架的历史沿革

凯恩斯经济学因 20 世纪 30 年代的大萧条而兴起，20 世纪 70 年代，西方主要国家出现了不同程度的滞胀，凯恩斯经济学的政府干预理论受到质疑，曾一度沉寂。Stanley Fischer、Edmund Phelps、John Taylor 等人借鉴了新古典主义的理性预期假说和供给冲击，在凯恩斯主义的传统理论框架下建立起工资、价格黏性的微观基础以及货币政策规则。Romer 和 Mankiw（1991）给这一学说命名为新凯恩斯主义经济学（New Keynesian Economics），并认为新凯恩斯主义是凯恩斯主义的再生。

凯恩斯主义经济学往往只关注宏观经济目标实现，并未考虑个人行为选择对于经济的影响。由于缺乏微观基础，凯恩斯主义经济学遭到了广泛批评。同时，新古典主义忽视了市场的不完全性，忽视了不完全竞争的存在，并且忽视了由于市场不完善和竞争不完全引发的各类价格黏性和工资黏性。这种建模的结果是，在 RBC 理论中看不到财政政策与货币政策是如何起作用的。而新凯恩斯主义的优越性在于其巧妙地借鉴了凯恩斯主义和新古典主义理论的长处，比凯恩斯主义多了微观基础，又比新古典主义的假设更加贴近现实，与其他的宏观经济学流派相比更加兼容并蓄。

在后来的发展中，新凯恩斯主义经济学与新古典主义经济学之间的融合到了更加密不可分的地步，新凯恩斯主义者们在凯恩斯主义的经济理论基础之上接受了新古典主义的利润最大化、效用最大化原则和理性预期假说，甚至加入了供给冲击；借鉴了货币主义提出的自然失业率假说，称为"非加速通货膨胀的失业率"，同时也接受了货币主义者关于长期与短期菲利普斯曲线的划分，在此基础上致力于考察阻碍劳动力市场、产品市场和信贷市场出清的工资、价格和利率黏性的原因以及造成市场不完全的各种因素，并试图说明这些不完全性的宏观经济后果，由此形成了名义工资黏性理论、名义价格黏性理论、实际刚性理论和协调失灵理论等。

第二节　新凯恩斯的基本分析框架

本节对基本的开放经济学的新凯恩斯框架［参见 gali（2005）］进行了扩充与发展。假定世界由两个国家构成，一个为本国，另一个为外国，他们拥有相同的偏好、技术与市场结构。本模型采用小国假设[①]，假定本国的生产活动对世界没有影响。假定价格每一期内保持不变，下一期初才做出调整。本国经济分布在［0，1］的连续区间上，外国变量加 *，相应的小写字母表示对数线性化后的值。

（一）家庭

在本国，选取一个代表性的家庭，家庭寻求一生的效用最大化，可表示为

$$E_0 \sum_{t=0}^{\infty} \beta^t U(C_t, N_t) \tag{2.2.1}$$

不失一般性，设每一期效用函数为

$$U(C_t, N_t) = \frac{C_t^{1-\sigma}}{1-\sigma} - \frac{N_t^{1+\varphi}}{1+\varphi} \tag{2.2.2}$$

其中，C_t 代表复合的消费指数，N_t 代表劳动的时数，σ、φ 分别为消费

---

① 虽然中国现在已经成为世界的第二大经济体，但是如果把世界其他国家统称为外国，我们认为小国假设还是适用的。

与劳动的跨期替代弹性。消费指数 C_t 可表示为

$$C_t = \left[(1-\alpha)^{\frac{1}{\eta}} (C_{H,t})^{\frac{\eta-1}{\eta}} + \alpha^{\frac{1}{\eta}} (C_{F,t})^{\frac{\eta-1}{\eta}} \right]^{\frac{\eta}{\eta-1}} \qquad (2.2.3)$$

$C_{H,t}$ 代表本国产品的消费指数，由常弹性的替代函数 $C_{H,t} = \left[\int_0^1 C_{H,t}(j)^{\frac{\varepsilon-1}{\varepsilon}} \mathrm{d}j \right]^{\frac{\varepsilon}{\varepsilon-1}}$ 来表示。其中，$j \in [0,1]$ 代表产品的种类。$C_{F,t}$ 表示进口产品指数，由常弹性替代函数 $C_{F,t} = \left[\int_0^1 C_{F,t}(j)^{\frac{\varepsilon-1}{\varepsilon}} \mathrm{d}j \right]^{\frac{\varepsilon}{\varepsilon-1}}$ 来表示。ε 表示本国产品之间的替代弹性，η 表示本国产品与外国产品之间的替代弹性。$\alpha \in [0,1]$ 是本国贸易开放度的一种测量。

本国生产商品的价格指数 $P_{H,t} = \left[\int_0^1 P_{H,t}(j)^{1-\varepsilon} \mathrm{d}j \right]^{\frac{1}{1-\varepsilon}}$，外国生产商品的价格指数为 $P_{F,t} = \left[\int_0^1 P_{F,t}(j)^{1-\varepsilon} \mathrm{d}j \right]^{\frac{1}{1-\varepsilon}}$（以本币表示）。因此，本国的价格水平即 CPI 为

$$P_t = \left[(1-\alpha)(P_{H,t})^{1-\eta} + \alpha(P_{F,t})^{1-\eta} \right]^{\frac{1}{1-\eta}} \qquad (2.2.4)$$

给定支出的最优分配条件，产品的需求方程为

$$C_{H,t}(j) = \left(\frac{P_{H,t}(j)}{P_{H,t}} \right)^{-\varepsilon} C_{H,t} \quad C_{F,t}(j) = \left(\frac{P_{F,t}(j)}{P_{F,t}} \right)^{-\varepsilon} C_{F,t} \quad (2.2.5)$$

于是，支出在本国产品与外国产品间的最优分配为

$$C_{H,t} = (1-\alpha) \left(\frac{P_{H,t}}{P_t} \right)^{-\eta} C_t \quad C_{F,t} = \alpha \left(\frac{P_{F,t}}{P_t} \right)^{-\eta} C_t \quad (2.2.6)$$

因此，代表性家庭的预算约束为

$$P_t C_t + D_{t+1} = (1+i_t)D_t + W_t N_t + T_t \qquad (2.2.7)$$

其中，D_t、D_{t+1} 分别为 t 期与 $t+1$ 期持有的债券，i_t 为 t 期本国利率水平，W_t 为工资，T_t 为转移支付，如果为负，表示税收。

利用效用函数式（2.2.1）、式（2.2.2）与预算约束式（2.2.7），求解最优消费条件可得

$$C_t^\sigma N_t^\varphi = \frac{W_t}{P_t} \qquad (2.2.8)$$

$$\beta \left(\frac{C_{t+1}}{C_t}\right)^{-\sigma} \left(\frac{P_t}{P_{t+1}}\right) = \frac{1}{1+i_t} \qquad (2.2.9)$$

对数线性化式 (2.2.8) 与式 (2.2.9) 两式得到

$$w_t - p_t = \sigma c_t + \varphi n_t \qquad (2.2.10)$$

$$c_t = E_t\{c_{t+1}\} - \frac{1}{\sigma}(i_t - E_t\{\pi_{t+1}\} - \delta) \qquad (2.2.11)$$

其中，$\delta = -\log\beta$，$\pi_t = p_t - p_{t-1}$ 表示 CPI 通货膨胀率，$E_t\{\ \}$ 表示预期。

（二）企业部门

典型的企业利用线性生产技术生产有差别的产品，生产函数为

$$Y_t(j) = A_t N_t(j) \qquad (2.2.12)$$

因此，实际边际成本为

$$mc_t = w_t - p_{H,t} - a_t \qquad (2.2.13)$$

其中，A_t 表示劳动生产率，$a_t = \log A_t$，w_t 表示工资的对数。

（三）通货膨胀率与利率平价条件

由前面价格指数的定义，可得两国之间的贸易条件为 $S_t = \dfrac{P_{F,t}}{P_{H,t}}$，变换为对数形式为 $s_t = p_{F,t} - p_{H,t}$，因此本国价格指数 CPI 可表示为

$$p_t = (1-\alpha)p_{H,t} + \alpha p_{F,t} = p_{H,t} + \alpha s_t \qquad (2.2.14)$$

于是，本国国内价格的通货膨胀率定义为 $\pi_{H,t} = p_{H,t} - p_{H,t-1}$，与 CPI 通货膨胀率之间的关系可以表示为

$$\pi_t = \pi_{H,t} + \alpha\Delta s_t \qquad (2.2.15)$$

假定对于所有商品一价定律成立，即有 $p_{F,t} = e_t + p_t *$，e_t 表示两国之间汇率的对数，以单位外币的本币计，$p_t *$ 表示外国国内的价格水平。于是贸易条件与汇率之间的关系可表示为

$$s_t = e_t + p_t * - p_{H,t} \qquad (2.2.16)$$

利率平价条件可表示为

$$i_t = i_t^* + e_{t+1} - e_t \qquad (2.2.17)$$

式（2.2.17）是我们通常意义上的利率平价条件，即在资本自由流动条件下，本国的利率必然等于外国利率与本国预期汇率贬值率的和。如果一国的资本账户是受到管制的，那么此式的适用性降低。考虑到，一国的资本管制主要是限制资金的跨国流动，外部资金要想进入该国，必然要绕过管制，这样等同于增加了外部资金投资本国的成本。我们以此为基础，在通常意义下的利率规则的基础上引入外部资金的进入成本，即在上式的右侧增加一项。如果一国的资本账户是走向开放的，那么外部资金进入该国的成本将降低，此时该项的值将是减小的。于是一国的资本账户开放过程即可用增加的这一项的值的降低来描述。下面，关于资本账户开放的研究，我们将采用此种设定方法。同时，在此基础上，我们还进一步引入了资本账户开放速度的概念。详细内容见下面章节。

（四）均衡

1. 产出波动的动态方程

由式（2.2.5）与式（2.2.6），本国商品市场出清有

$$Y_t(j) = \left(\frac{P_{H,t}(j)}{P_{H,t}}\right)^{-\varepsilon} \times \left[(1-\alpha)\left(\frac{P_{H,t}}{P_t}\right)^{-\eta} C_t + \alpha\left(\frac{P_{H,t}}{e_t P_t^*}\right)^{-\eta} C_t^* \right]$$

$$(2.2.18)$$

由于本国总产出定义为 $Y_t = \left[\int_0^1 Y_t(j)^{\frac{\varepsilon-1}{\varepsilon}} \mathrm{d}j\right]^{\frac{\varepsilon}{\varepsilon-1}}$，因此式（2.2.18）可以表示为

$$Y_t = (1-\alpha)\left(\frac{P_{H,t}}{P_t}\right)^{-\eta} C_t + \alpha\left(\frac{P_{H,t}}{e_t P_t^*}\right)^{-\eta} C_t^* \qquad (2.2.19)$$

对式（2.2.19）进行对数线性化，且注意到本模型采用的是小国假设，外国的消费与价格保持不变，因此可以得到

$$y_t = z c_t + z^* \eta e_t \qquad (2.2.20)$$

其中，$z = (1-\alpha)\left(\overline{\dfrac{P_{H,t}}{P_t}}\right)^{-\eta}\overline{\dfrac{C_t}{Y}}$，$z^* = \alpha\left(\overline{\dfrac{P_{H,t}}{e_tP_t^*}}\right)^{-\eta}\overline{\dfrac{C_t^*}{Y}}$，变量上加横表示稳态值。考虑到本模型是代表性个体的效用最大化出发，如果价格在一期内保持不变，则 z^* 表现为外国人均消费与本国人均产出的比。考虑到人均消费等于人均产出与边际消费倾向的乘积表示的引致消费与自发消费的和，而且通常意义下，自发消费的占比较低，因此，我们可以把外国人均消费与本国人均产出的比看作外国人均产出与本国人均产出的比。一国的人均产出即为该国的经济发展水平，因此 z^* 可理解为相对经济发展水平。由于我们采用的是小国假设，因此外国的人均产出也就是经济发展水平可以看作是不变的，那么，当本国的经济发展水平较低时，z^* 的值增大；而当本国的经济发展水平较高时，z^* 的值较小，所以我们用不同的 z^* 的值来表征本国不同的经济发展水平，通过不同 z^* 的值下的脉冲响应与福利分析，得到资本账户开放和汇率制度选择与经济发展水平之间的关系，得到随着经济发展水平的提高，一国的资本账户应趋于更加开放，汇率制度安排应趋于更加灵活的结论。以下章节将详细论述。

把式（2.2.17）与式（2.2.20）两式代入式（2.2.11），可得

$$y_t = y_{t+1} + \frac{z}{\sigma}(1-\alpha)\pi_{H,t+1} - \left[z^*\eta + \frac{z}{\sigma}(1-\alpha)\right]\Delta e_{t+1} + \frac{z}{\sigma}\delta$$

$$(2.2.21)$$

则 y_t 对稳态偏离的动态方程可以表示为

$$\tilde{y}_t = \tilde{y}_{t+1} + \frac{z}{\sigma}(1-\alpha)\pi_{H,t+1} - \left[z^*\eta + \frac{z}{\sigma}(1-\alpha)\right]\Delta e_{t+1}$$

$$+ \frac{z}{\sigma}\delta + (y_{t+1}^n - y_t^n)$$

$$(2.2.22)$$

其中，$\tilde{y}_t = y_t - y_t^n$、$y_t^n$、$y_{t+1}^n$ 表示 t 期与 $t+1$ 期的自然产出水平，由经济体外生条件如技术水平等决定。由此可见，当期的产出缺口由预期的产出缺口、预期的通货膨胀率与预期的汇率变动决定。各影响因素作用的

大小，取决于本国的结构参数。

2. 通货膨胀率动态方程

价格的名义刚性是新凯恩斯模型的关键假定之一，本模型假定下一期不改变价格的厂商占总厂商的比例为 θ ，则改变价格的厂商占比为 $1-\theta$ 。本国的通货膨胀率动态方程[①]可以表示为

$$\pi_{H,t} = \beta\pi_{H,t+1} + \lambda\Delta mc_t \qquad (2.2.23)$$

其中，$\lambda = \dfrac{(1-\beta\theta)(1-\theta)}{\theta}$ 。

利用式（2.2.10）、式（2.2.13）与式（2.2.20）可得

$$mc_t = w_t - p_{H,t} - a_t = w_t - p_t + p_t - p_{H,t} - a_t$$

$$= \left(\frac{\sigma}{z} + \varphi\right)y_t - \sigma\frac{z^*}{z}\eta e_t + \alpha s_t - (1+\varphi)a_t \qquad (2.2.24)$$

利用式（2.2.15）、式（2.2.23）与式（2.2.24），通货膨胀率的动态方程可以表示为

$$(1+\lambda\alpha)\pi_{H,t} = \beta\pi_{H,t+1} + \lambda\left(\frac{\sigma}{z} + \varphi\right)\tilde{y}_t - \lambda\left(\sigma\frac{z^*}{z}\eta - \alpha\right)\Delta e_t$$

$$(2.2.25)$$

由此可见，当期的通货膨胀率由预期的通货膨胀率和当期的产出缺口与当期的汇率变动决定。各影响因素的作用取决于本国的结构参数。

3. 利率规则

本节中的利率规则，我们采用泰勒规则的形式，即本国利率由本国的通货膨胀率与产出缺口来确定，其表达式为

$$i_t = \gamma + \phi_\pi\pi_t + \phi_y\tilde{y}_t + \nu_t \qquad (2.2.26)$$

其中，截距项 γ 是为了保证一个零通胀的稳态，ϕ_π ，ϕ_y 为非负的系数。即当通货膨胀率上升，本国会提高利率；当产出缺口为正，本国也

---

① 具体推导过程参见 gali（2005）Money policy inflation and the business cycle Published by Princeton University Press.

会提高利率；当产出缺口为负，本国会降低利率。接下来的章节中，我们在此利率规则的基础上引入汇率的变动，即央行的货币政策制定将对汇率的变动做出反应，当央行对汇率变动的反应较强时，本国的汇率制度相对固定；而当央行对汇率波动的反应较弱时，本国的汇率制度相对浮动。如果像本式中，央行的货币政策不包含汇率变动的因素，我们认为是完全浮动的汇率制度。为了全面考虑汇率变动对货币政策的影响，我们分别考虑央行盯住当期的汇率变动与预期的汇率变动两种情况。即一种是非预期的利率规则，另一种是预期的利率规则。不同问题两种规则下得到的结果有些相同，有些则区别很大。下面的章节我们将详细探讨。

第三节　模型参数校准

参照大多数相关文献中的参数设定，我们对模型中的参数进行如下校准：我们选取半年为一个时间点，主观贴现率 $\beta = 0.99$，意味着金融资产的实际收益率为 2%；η 取 1，表示产品之间单位弹性；σ 取 1，意味着对数效用；σ 取 1，意味着一元 Fisch 劳动供给弹性；对于本国与外国产出和消费的比例，我们参照中国与美国的数据进行校准，根据中国出口占 GDP 的比可算出 α 为 0.4，z 取 0.3，z^* 取 4.08；Nakamura 和 Steinsson（2006）利用美国的数据，估算价格完全调整一次的时间大约为 8 ~ 11 个月，因此 θ 取 0.25；利率对通胀的反应系数 ϕ_π 通常在 0.5 ~ 2，美国格林斯潘时期联储取 1.5，因此我们也取 1.5；利率对产出的反应系数 ϕ_y 通常在 0 ~ 1，美国格林斯潘时期联储取 0.125，为了反映对产出波动的重视，我们取 0.25，利率规则中 ϕ_y 与 ϕ_π 存在较宽的取值范围，且并不影响本节得到的定性结果。

接下来的章节，将利用这一基本框架，引入资本账户开放速度、汇率制度、经济发展水平、金融发展水平与速度等变量，探讨资本账户开放条件下汇率制度的选择、资本账户开放与经济发展水平的关系、资本账户开放与金融体系改革的次序、汇率制度与经济发展水平之间的关系以及汇率制度与金融体系改革之间的关系。我们采用设定不同的结构参数的方法，进行理论实验，观察与比较不同结构参数下，产出波动与通货膨胀率在外生冲击下的动态变化，得到定性结论，为福利分析提供支撑；然后，从个人效用最大化出发，构建由产出波动与通货膨胀率的福利函数，计算不同情境下的福利损失，通过福利损失数据的比较，得到定性结论，为我国资本账户开放、汇率制度与金融体系改革匹配的实际操作提出建议。

Chapter Three

资本账户开放下 第三章
汇率制度的选择①

---

① 相关研究成果已翻译成英文投往国外期刊。

在全球化的今天，一国的货币政策施行如果不受他国影响，即具有货币政策独立性，无疑是对本国经济调控有力的。依据"三元悖论"理论，一国要想获得货币政策独立性，在资本账户开放与固定汇率制度中只能选择一者，这一结论得到 Obstfeld et al（2005）与 Frankel et al（2004）的支持。这也就意味着如果资本账户开放，更强的货币政策独立性要求更加弹性的汇率制度；而如果汇率保持稳定，更强的货币政策独立性要求相对封闭的资本账户（Kein，2013）。因此，开放经济条件下货币政策独立性通常要结合资本账户开放与汇率制度弹性的程度来进行研究。

中国的资本账户要走向开放，为了拥有货币政策独立性，汇率制度必将走向浮动。前文中资本账户开放过程的回顾经验表明：一国的资本账户通常是逐渐开放的，那么，资本账户的开放过程中，汇率制度应如何进行改革，两项改革如何匹配才能实现全民福利的最优？这是一个很值得探讨的问题。本章试图进行回答。本章首先回顾了资本账户开放与汇率制度选择的研究成果，尤其是对资本账户开放的理论探讨与实证研究，我们进行了详细的归纳与总结，为我国的资本账户开放提供支撑。同时，我们也指出现有研究存在的不足。其次，在第二章新凯恩斯的基本框架中，我们引入资本账户开放与汇率制度，设定不同参数值来表征不同的资本账户开放速度与不同的汇率制度，数值模拟不同资本账户开放速度与不同汇率制度组合下，产出波动与通货膨胀率的变动情况，并从个体效用出发得到福利函数，计算不同资本账户开放速度与不同汇率制度组合下，福利损失的值，通过比较，得到资本账户开放与汇率制度改革的最优匹配。再次，利用典型案例分析，证明本章所得到的结论。最后对结论进行总结，结合我国实际情况指出对中国汇率制度改革的启示。

第一节　资本账户开放与汇率制度选择的文献综述

下面，我们主要回顾资本账户开放与汇率制度选择的主要研究成果。尤其是对资本账户开放的研究，这其中包括：大量的从资本账户管制到资本账户开放的理论探讨，以及对资本账户开放是否有利于经济增长的计量回归分析。而近年来，随着 2008 年金融危机的爆发，学者又提出了以资本账户管制作为政策操作工具的倡议。关于汇率制度选择的研究，从早期的蒙代尔—弗莱明经典框架下浮动汇率制度与固定汇率制度的比较到新开放经济宏观经济学下引入微观经济主体的浮动汇率制度与固定汇率制度之争，相关学者对汇率制度选择进行了深入探讨，我们将简要回顾。

（一）资本账户开放文献综述

我们首先总结马西森和罗哈斯—苏亚雷斯支持资本管制的理论依据；其次介绍麦金农与肖金融自由化的理论观点，并得到资本账户开放的理论依据；再次概括资本账户开放是否有助于经济增长的实证研究；最后，我们归纳近几年出现的把资本账户开放作为政策工具的研究成果。

1. 资本账户管制的理论分析

马西森和罗哈斯—苏亚雷斯总结资本管制的理论[1]：第一，资本管制可以限制不稳定的短期资本流动。由于不稳定的短期资本流动会引起国际收支危机和汇率波动，所以通过对短期金融交易征税的资本管制方式可以对其加以抑制。第二，资本管制可以维持国内储蓄。发展中国家普遍存在资本短缺的现象，而且国内的资本收益率一般要低于国

---

[1]　唐纳德·马西森，莉莉亚纳·罗哈斯—苏亚雷斯美著，王志芳，王晓曹译. 资本账户自由化经验和问题 [M]. 北京，中国金融出版社，1995.

外的资本收益率，实行资本管制可以限制国内资本外流，将国内储蓄维持在合理水平，有利于本国经济的发展。第三，资本管制可以限制外国资本对本国资源的垄断和控制。通过国际资本流动，外国资本可以实现对东道国生产要素、自然资源等的控制，形成对东道国的行业垄断，而资本管制的目的之一就是为了防范这种现象的发生。第四，资本管制可以保持一国课税能力。实行资本管制而对金融交易、金融收入等征收的印花税、所得税等是一国税收的重要来源，而且有效的资本管制还有利于政府对国内居民征收铸币税和通货膨胀税。第五，资本管制可以防止资本自由流动对国内经济改革带来的不利影响。由于商品价格存在黏性，资本市场的调整速度和反应速度要快于产品市场。因此，在国内经济不稳定的情况下不适宜过早地实行资本自由流动。

2. 资本账户开放的理论分析

20 世纪 70 年代，在发达国家内部金融创新不断涌现，同时跨国公司开始兴起，出现了金融自由化现象，许多学者开始对金融自由化现象展开了研究。金融自由化理论指出，金融抑制增加了金融成本，阻碍了金融发展，加大了金融风险，金融市场化、货币全球化和资本国际化符合价值规律，才是金融发展的目标，因此，政府应减少对市场的干预。其理论代表性人物主要是 Mckinnon 和 Shaw。

Mckinnon（1973）和 Shaw（1973）研究认为金融管制不利于经济发展，指出了金融管制的弊端：（1）金融管制不利于金融资源的合理配置。金融管制是用人为力量代替市场力，金融管制的直接成本是各项高昂的管理费用，间接成本是由于破坏市场力对资源合理配置而产生的对金融效率的损害。因此不合理的金融管制会导致金融资源配置扭曲，无法发挥正常金融效率。（2）金融管制导致金融企业资金外逃。不同的管制环境会影响金融企业的竞争力，为了追求利润和自身的发展，金融管制必然促使金融企业将资金从管制严格的地区转移到管制宽松的地区。（3）金融管制影响了正常的金融运行，损害了金融效率，事实上阻碍了金融发展。（4）金融管制人为地造成金融资源的短缺，不能为经济发展提供必要的资金支持。总之，市场调节机制要优于政府干预机制，消除金融管制有利于经济发展。

对资本账户开放理论研究给出资本账户开放可以促进经济发展的理论依据，主要有以下几点：（1）资本账户开放是国内经济结构和国际经济形势变化的产物，是经济国际化的内在要求；（2）资本账户开放有利于金融资源在全球范围内的合理配置；（3）资本账户开放使得经济单位可以在全球范围内进行投资和融资活动，既提高了效率，又规避了风险；（4）资本账户开放促使金融企业参与国际竞争，有利于其提高效率，进行金融创新；（5）资本账户开放降低了管制成本，很大程度上避免了寻租行为，有利于防止腐败的发生。

3. 资本账户开放与经济增长关系实证分析

一国资本账户开放，跨境资金流动成为可能，通常认为会促进该国经济的增长。但是，经济学家对资本账户是否促进经济增长进行了大量的实证研究，得到的结论却不统一。我们分别进行归纳。

全面支持资本账户开放促进经济增长的代表性研究有：Ramey（1995）分析了一国资本账户开放对产出波动与经济增长之间负相关关系的影响，得到资本账户开放程度提高降低了这种负相关，从而得到资本账户开放有助于经济增长的结论；Quinn（1997）利用1960年至1989年的数据对58个国家经济增长指标与Quinn资本账户开放程度指标回归分析表明一国资本账户的开放程度促进其经济的增长；Li 与 Liu（2001）分别分析了政府拨款、国家银行贷款、自筹资金和外资投入对一国经济增长的影响，得到自筹资金和外资投入促进了经济增长的结论。Devereux 等（2003）由于国家间资本账户开放，国家间的税收如公司所得税等会出现下降，这会促进企业投资，从而促进经济增长。

研究结果表明资本账户开放对经济增长的促进作用不确定的代表性研究主要有：Grilli（1995）利用1966—1989年61个国家的数据，包

括人均收入增长率、资本账户管制指标、经常账户管制指标、汇率制度
选择等进行回归分析，得到一国资本账户开放对该国经济增长促进作
用不显著的结论。Kraay（1998）分别利用前面介绍的三种资本账户开
放程度的指标即 Quinn 指标、Share 指标与基于资本跨境流动的指标，
分析了 1985—1997 年，样本国资本账户开放与经济发展水平之间的关
系，发现资本账户开放的不同指标显示资本账户开放对经济增长的促
进作用不同，Quinn 指标与 Share 指标表明影响不明显，而基于资本跨
境流动的指标则表明有较强的促进作用。Eichengreen 与 Leblang
（2003）指出前期研究关于资本账户开放对经济增长影响的不确定性来
源于考虑了危机的影响且限制了产出的有效性，排除这些因素，资本账
户开放只会暂时地影响经济增长，其长期效果取决于各国具体经济状
况。Chatterjee 等（2003）指出，资本账户开放带来资本流动，从而促
进经济增长，但通常这种流动是短期的，只有当资本转移对经济增长有
长期影响时，资本账户开放才会导致持续的经济增长。

同时还有研究表明资本账户开放不利于经济增长，代表性的有：
Levy（1999）指出，发展中国家资本账户开放，会导致发达国家的资金
流入，这些资金追求高回报，外部资金流入可能会提高本国金融机构的
风险，从而引发危机，不利于本国经济增长。Caprio（2000）通过对 30
个国家金融自由化的研究发现适当的金融管制要好于完全的金融自由
化，尤其是对发展中国家。因此，至少在短期，资本账户的完全开放将
不利于经济增长。Kim 与 Lee（2002）指出一国资本账户开放通常伴随
着巨额跨境资本的流入与流出，增加了危机的可能性，一旦危机爆发，
将引起长时间的经济下滑甚至倒退。Yan（2005）通过实证分析指出发
展中国家资本账户开放会导致经常账户赤字，且通常条件下发展中国
家的金融发展水平较低，可能会导致资金流入不当，因此会阻碍经济
增长。

近期，随着 2008 年国际金融危机的深化，一些国家为了抑制资本

的外流，对资本账户实行了一定的管制，提出临时的资本管制可以作为政策工具的观点。由于资本账户管制是区别本国与外国金融交易的税或费用（OECD，2009），Ostry（2011）提出资本账户管制可以作为如银行规则与监管等其他审慎政策的替代；Jeanne 等（2012）进一步提出资本账户管制可以作为经济政策的工具。最近的理论研究也表明暂时性的顺周期的资本账户管制有助于本国金融系统的稳定，且缓和了经济周期（Korinek，2011），Korinek（2010）、Bianchi 与 Mendoza（2010）与 Bianchi（2011）分别以印度尼西亚、美国与阿根廷的数据进行校准得到对资本流动征收的税率。另外，Farhi 与 Werning（2012）另辟蹊径利用新凯恩斯的分析框架，从经济体受到各种冲击的角度探讨了最优的资本账户管制程度。同时，Klein（2012）对 44 个发达与新兴市场国家不同资本账户管制方式（长期为墙，短期为门）对金融变量影响进行了研究，发现短期资本管制并不能消除金融脆弱性。此外，近期有关资本账户管制的实证分析包括：Forbe et al（2014）通过对 2009—2011年 100 个国家的实证研究发现某些资本账户的管制措施是有效的，一些通常的措施是无效的；Sigurgeirsdóttir 与 Wade（2015）分析了冰岛利用资本账户管制应对 2008 年国际金融危机所造成的经济波动的情况；Chamon 与 Garcia（2016）分析了巴西为应对金融危机对本国实行资本账户管制的有效性。

由于我国的资本账户目前还处在一定的管制状态，国内学者对资本账户开放的研究还主要集中在资本账户开放次序的研究，如杨荣海（2014）、胡小文与章上峰（2015）等，资本账户开放与金融风险的研究，如方显仓与孙琦（2014）、熊衍飞等（2015）等。但尚未有文献专门针对资本账户开放程度进行研究。

由上可知，对一国资本账户开发的态度同时存在着支持、不确定与反对的观点。但世界各国资本账户开放大多发生在 20 世纪 70～80 年代，发达国家基本上都实现了本国资本账户的开放，如发达国家中的法国、英国、荷兰等都在 70 年代实现了资本账户开放。20 世纪 90 年代，发展中国家也开启了资本账户开放的历程，比较成功的例子有智利、印度、哥伦比亚等。其中泰国、马来西亚与墨西哥在资本账户开放过程中遭受了危机，普遍认为这些国家遭受危机是因为在资本账户开放过程中实行了相对固定的汇率制度。但是，即使在相对固定的汇率制度下，这些国家危机前夕的经济发展数据也表明资本账户的开放仍然会提高本国的福利。因此，我国不能因噎废食，因为害怕资本账户开放可能存在的风险，而阻碍了资本的跨国流动。当然，我国也应考虑在危机的时期采用适当的资本管制措施，但是，这只是临时性的措施。

(二) 汇率制度选择的理论分析

现有研究汇率制度的分析框架主要有两个[①]：一是蒙代尔、弗莱明、大恩布什构建的 Mundell – Fleming – Dornbusch 分析框架，代表性的研究主要有 Tumovsky (1976)、Flood (1979)、Weber (1981)、Flood 与 Marion (1982)。他们主要是构建理论模型，求解由产出、价格或两者的组合所构成的目标函数，分析不同汇率制度下目标函数的损失，从而比较不同的汇率制度安排，但通常受到目标函数与模型设定缺乏微观基础的批评。二是由 Obsfeld 和 Rogoff 构建的新开放经济宏观经济学分析框架，代表性的研究主要有 Devereux 与 Engel (1998、1999)、Cespedes (2004)、Devereux (2006)。他们主要是通过设定代表性经济个体在跨期预算约束下最大化一生效用的现值之和，得到最优条件，再结合模型的其他设定，比较不同的汇率制度下福利的大小，从而得到最优的汇率制度选择。这种模型通常要进行线性化处理，把对经济均衡的扰动限制在很小的范围内，因此其适用性受到怀疑。纵观两种分析框架下的研究成果，主要是比较固定与浮动汇率制度的优劣，且一般假定资本

---

① 刘晓辉、范从来 (2005) 在《汇率制度选择及其标准演变》一文中有具体介绍，本书在其研究的基础上增加了相关的文献并进行了归纳。

账户是完全开放的。另外，近年来出现了一些关于全球化下货币政策独立性与汇率制度关系的实证研究，代表性的有：Obstfeld et al（2005）、Klein 与 Shambaugh（2013）、Goldberg（2013）、Rey（2014）与 Obstfeld（2015）。这些研究指出相对于固定汇率制度，浮动汇率制度有助于隔离本国免受外部金融冲击与货币冲击的影响，即保证本国具有一定的货币政策独立性。Passari、Hey（2015）与 Obstfeld（2015）进一步指出浮动汇率制度的这种作用只适用于短期的情况，在长期，汇率制度不能起到这种隔离的作用。

国内关于汇率制度的研究或是改造国外的已有模型，或是选择不同的标准如经济增长、经济波动等进行实证检验，对我国的汇率制度选择做出了评判。代表性的研究主要有：秦宛顺等（2003）分析了存在资本管制下，不同汇率制度，不同资本管制，不同定价行为下消费者福利的状况；黄海洲（2005）研究了汇率制度选择与经济增长率之间的关系，得到汇率制度的选择取决于经济发展水平的结论；姚斌（2006、2007）利用新开放经济宏观经济学的分析框架分别以资本账户完全开放的大国与小国为前提假设，利用结构化模型分析了人民币汇率制度的选择，得到人民币汇率应该向更加灵活的方向发展的结论；梅东洲与龚六堂（2011）在改造 Bernanke et al（1999）模型的基础上，结合新兴市场国家发展现状论证了新兴市场国家汇率制度选择，得到有管理的浮动汇率制度是其最优选择的结论；袁申国等（2011）构建一个开放的小国模型，探讨了不同汇率制度下金融加速器的作用，得到固定汇率制度下金融加速器的效应强于浮动汇率制度的结论；王博与刘澜飚（2012）分析了资本账户开放下经济冲击对汇率制度选择的影响，结果发现：如果冲击的主要来源是实体经济部门，人民币汇率应该向更加灵活的方向发展；如果冲击的主要来源是货币部门，人民币应该采用盯住篮子的汇率制度。

从上面的关于汇率制度的研究，前期的研究成果主要集中在固定汇率与浮动汇率之争，而对中间的汇率制度虽有探讨，但大多只是指明人民币汇率应向更加弹性的方向发展，对于如何发展缺乏分析。一国的汇率制度选择与其经济发展水平、金融发展水平与外部冲击不无关系，而前期的研究大多忽略了这些因素。

尤其是前期关于资本账户开放与汇率制度的研究通常是分开进行的。按照三元悖论理论，两者并非没有联系，资本账户的管制一定程度上保证了汇率的稳定。而两种政策放在一个框架下进行讨论，资本账户管制松一些，还是紧一些，汇率是趋向更加的浮动还是更加的固定，即两种政策如何相协调的研究还未见于报道。因此，前期研究对于中国即将面临的资本账户开放与汇率制度改革的指导意义较弱。

第二节　新凯恩斯模型中资本账户开放与汇率制度的引入

下面，我们在第二章开放型新凯恩斯框架基础上，在利率平价条件中引入资本管制因素，在央行利率规则中引入汇率制度因素，改造原有的产出波动与通货膨胀率的动态方程。同时，利用引入资本管制的利率平价条件与央行的利率规则得到汇率波动的动态方程。所得到的三个方程构成新的动态系统，用于下文中数值模拟与福利分析。

（一）资本账户管制的引入

假定本国存在着一定的资本管制，外部资金要想进入本国，必然要绕过一定管制，从而产生一定的成本，因此利率平价条件可表示为

$$i_t = i_t^* + e_{t+1} - e_t + \rho_t \qquad (3.2.1)$$

i_t^* 为外国利率水平，不失一般性可设为 0。ρ_t 即为单位外部资金绕过资本管制所产生的成本，也可以看作是本国（资本账户未开放）与外国之间的利差，本国资本账户渐进开放过程即表现为 ρ_t 逐渐减小的过

程。考虑到大多数国家资本账户是逐渐放开的，ρ_t 可以设定为一个一阶自回归过程，即有 $\rho_t = a\rho_{t-1} + u$，其中，$0 < a < 1$，u 为一白噪声过程。a 的大小表示资本账户的开放速度，越大表示资本账户的开放速度越缓慢，反之则表示资本账户开放速度较快。

（二）资本账户管制下产出与通货膨胀率动态方程

我们利用含有资本管制的利率平价条件改写第二章中基本的产出动态方程，得到新凯恩斯理论产出波动方程为

$$y_t = y_{t+1} + \frac{z}{\sigma}(1 - \alpha)\pi_{H,t+1} - \left[z^*\eta + \frac{z}{\sigma}(1 - \alpha)\right]\Delta e_{t+1} + \frac{z}{\sigma}\delta - \frac{z}{\sigma}\rho_t$$

$$(3.2.2)$$

与第二章中产出方程的区别在于，产出的波动不但与预期的产出、预期的通货膨胀率和预期的汇率波动有关，而且与资本账户的开放过程有关。本国资本账户开放，ρ_t 的值降低，本国产出将会上升。

则 y_t 对稳态偏离的动态方程可以表示为

$$\tilde{y}_t = \tilde{y}_{t+1} + \frac{z}{\sigma}(1 - \alpha)\pi_{H,t+1} - \left[z^*\eta + \frac{z}{\sigma}(1 - \alpha)\right]\Delta e_{t+1}$$

$$+ \frac{z}{\sigma}\delta - \frac{z}{\sigma}\rho_t + (y_{t+1}^n - y_t^n)$$

$$(3.2.3)$$

其中，$\tilde{y}_t = y_t - y_t^n$、$y_t^n$、$y_{t+1}^n$ 表示 t 期与 $t+1$ 期的自然产出水平，由经济体外生条件如技术水平等决定。

如第二章，通货膨胀率的动态方程可以表示为

$$(1 + \lambda\alpha)\pi_{H,t} = \beta\pi_{H,t+1} + \lambda\left(\frac{\sigma}{z} + \varphi\right)\tilde{y}_t - \lambda\left(\sigma\frac{z^*}{z}\eta - \alpha\right)\Delta e_t$$

$$(3.2.4)$$

（三）货币市场动态方程（汇率制度引入）

为了区分不同的汇率制度，我们在货币市场利率规则中引入汇率

的波动。我们分两种情况讨论货币市场：一种是货币当局采用非预期的利率规则，即盯住当期的汇率波动；另一种是货币当局采用预期的利率规则，即盯住预期的汇率波动。

1. 非预期的利率规则

$$i_t = \gamma + \phi_\pi \pi_t + \phi_y \tilde{y}_t + \phi_e \Delta e_t + \nu_t \qquad (3.2.5)$$

其中，截距项 γ 是为了保证一个零通胀的稳态，ϕ_π，ϕ_y，ϕ_e 为非负的系数，ϕ_e 表示货币当局对汇率变动的干预程度，越大表示汇率变动引起本国利率较大变动，货币当局对外汇市场的干预越强，相当于固定汇率制度；反之，越小表示干预较弱，汇率的弹性也就较大，当为零时，货币政策中不再反映汇率的变动，此时相当于完全浮动汇率制度。ν_t 表示 t 期的外生扰动，是一均值为零的白噪声序列。根据利率平价条件可得货币市场动态方程为

$$\gamma + \phi_\pi \pi_t + \phi_y \tilde{y}_t + \phi_e \Delta e_t + \nu = i_t * + \Delta e_{t+1} + \rho_t \qquad (3.2.6)$$

2. 预期的利率规则

相对于非预期的利率规则对当期的汇率变动做出反应，预期的利率规则是货币政策对汇率的预期变动做出反应，其表达式为

$$i_t = \gamma + \phi_\pi \pi_t + \phi_y \tilde{y}_t + \phi_e \Delta e_{t+1} + \nu_t \qquad (3.2.7)$$

于是，利用利率平价条件，预期的利率规则下货币市场动态方程为

$$\gamma + \phi_\pi \pi_t + \phi_y \tilde{y}_t + \phi_e \Delta e_{t+1} + \nu_t = i_t * + \Delta e_{t+1} + \rho_t \qquad (3.2.8)$$

由此，我们得到了存在资本管制下，产出波动、通货膨胀率与汇率变动的方程组。三个方程构成新的动态系统，我们将对结构参数设定不同的值，进行数值模拟与福利分析，探讨不同资本账户开放速度与汇率制度组合下的情况，得到定性的结论。

第三节　不同资本账户开放速度与
汇率制度下的脉冲响应

下面，我们分别模拟在资本账户开放过程中，非预期的利率规则与预期的利率规则下，产出波动、通货膨胀率与汇率变动的动态变化。资本账户开放速度 a 的值取 0.8 与 0.4，分别对应较慢的资本账户开放速度与较快的资本账户开放速度。两种利率规则中汇率波动的系数 ϕ_e 取2.1、1 与 0，分别对应相对固定的汇率制度、相对浮动的汇率制度与完全浮动的汇率制度。通过不同资本账户开放速度与不同汇率制度组合下脉冲响应的分析，我们可以得到定性的结论。

（一）非预期的利率规则下的脉冲响应

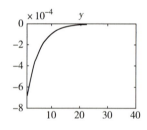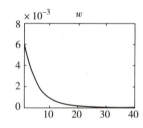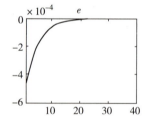

图 3.3.1　$a=0.8$，$\phi_e=2.1$

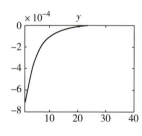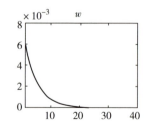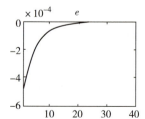

图 3.3.2　$a=0.8$，$\phi_e=1$

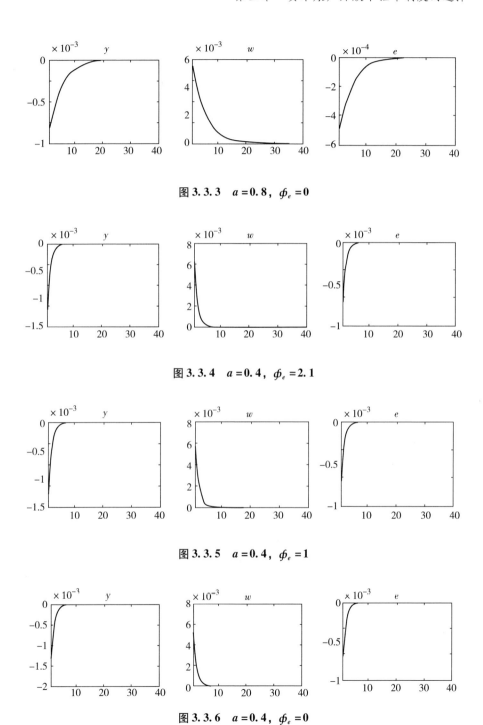

图 3.3.3 $a=0.8$, $\phi_e=0$

图 3.3.4 $a=0.4$, $\phi_e=2.1$

图 3.3.5 $a=0.4$, $\phi_e=1$

图 3.3.6 $a=0.4$, $\phi_e=0$

图 3.3.1、图 3.3.2 与图 3.3.3 分别展示了资本账户渐进开放中不同汇率制度下产出波动、通货膨胀率与汇率变动的情况。其中，ρ_t 的自回归系数 a 取为 0.8，图 3.3.1、图 3.3.2 与图 3.3.3 分别对应利率规则中 ϕ_e 取 2.1、1 与 0 三种情况，通货膨胀率在图中用 w 表示。从图 3.3.1、图 3.3.2 与图 3.3.3 可以看出，利率的一个正向冲击会导致产出下降、通货膨胀率上升与汇率升值。这是因为：本国资本账户管制放松，资金流入造成本国汇率升值；本国汇率升值抑制总需求，引起产出下降；产出变动与汇率变动都会引起通货膨胀率变动，当汇率变动的影响大于产出波动的影响时，通货膨胀率上升。但是，在不同的汇率制度（ϕ_e 取不同值）下，产出波动与通货膨胀率变动并不相同。从三幅图的比较可以清晰看出，随着汇率制度从相对固定（$\phi_e = 2.1$）转化为完全浮动（$\phi_e = 0$），产出的波动不断加大，从相对固定下的 0.068% 上升到相对浮动下的 0.075%，再到完全浮动下的 0.082%。因此，汇率弹性的增加导致产出的波动加大。相对于产出的波动情况，通货膨胀率的变动则完全相反，从相对固定下的 0.62% 下降到相对浮动下的 0.6%，再到完全浮动下的 0.55%。汇率在汇率制度从相对固定转化为浮动的过程中波动上升，从相对固定下的 0.043%，上升到相对浮动下的 0.045%，再到浮动汇率制度下的 0.048%。这是因为：在资本管制放松的过程中，随着汇率制度从相对固定转化为浮动，政府对汇率的干预变弱，致使汇率的波动增加，从而进一步导致产出的波动增加，而产出波动与汇率波动的合成效果造成通货膨胀率的降低。

图 3.3.4、图 3.3.5 与图 3.3.6 展示了 ρ_t 的自回归系数 a 取 0.4，ϕ_e 分别取 2.1、1 与 0 三种情况。从三幅图的比较可以看到与前文 $a = 0.8$ 时相同的结果，随着汇率弹性的不断增加，产出的波动不断上升，通货膨胀率不断下降，汇率的波动不断增加。由此可以大致得到结论：在资本账户开放过程中，当本国的福利函数以产出的波动最小为目标时，相对固定的汇率制度为其首选；当本国更关注通货膨胀的危害时，相对浮

动的汇率制度为其首选;而当本国既关注产出波动又关注通货膨胀的危害时,则介于相对固定与完全浮动之间的汇率制度为其最佳的选择。

ρ_t 的自回归系数的不同,可以表示资本账户开放的不同速度,相对于图 3.3.1、图 3.3.2 与图 3.3.3 而言,图 3.3.4、图 3.3.5 与图 3.3.6 展示了资本账户更快开放的情况。从图 3.3.1 与图 3.3.4 的比较不难看出,随着资本账户开放速度的提高,产出的波动明显加大,从 0.068% 上升到 0.12%,通货膨胀率也从 0.62% 下降到 0.6%,而汇率的变动从 0.046% 上升到 0.07%。比较图 3.3.2 与图 3.3.5 以及图 3.3.3 与图 3.3.6,可以观察到同样的结果。因此,随着资本账户开放速度的提高,产出的波动加大,通货膨胀率降低,汇率的变动加强。这是因为:资本账户开放速度提高,ρ_t 的波动加大,引起汇率的波动加大,从而导致产出波动加大,产出波动与汇率波动都影响到通货膨胀率,两者的合成效果引起通货膨胀率的降低。由此可以得到结论:当本国的福利函数以产出的波动最小为目标时,相对较慢的资本账户开放速度为其首选;当本国更加关注通货膨胀的危害时,相对较快的资本账户开放速度为其首选;而当本国同时关注产出的波动与通货膨胀的危害时,则相对折中的资本账户开放速度为其首选。

同时注意到资本账户开放速度较快时,汇率的波动会加大,这对于依靠出口带动的新兴市场国家而言是一个很大的冲击,不利于其经济的发展。因此,新兴市场国家的资本账户开放速度不宜太快。

(二)预期的利率规则下的脉冲响应

如果货币政策的利率规则建立在对汇率变动的预期上,那么不同的汇率制度与不同的资本账户开放速度对经济体的影响又将如何呢?下面依照上文中同样的方法对其进行检验。图 3.3.7 与图 3.3.8 为 ρ_t 自回归系数 a 取 0.8,利率规则中汇率变动系数 ϕ_e 分别取 2.1、1,取 0 的情况相当于浮动汇率制度与图 3.3.3 相同。图 3.3.9 与图 3.3.10 为 ρ_t 自

回归系数 a 取 0.4，利率规则中汇率变动系数 ϕ_e 分别取 2.1、1，取 0 的情况相当于浮动汇率制度与图 3.3.6 相同。

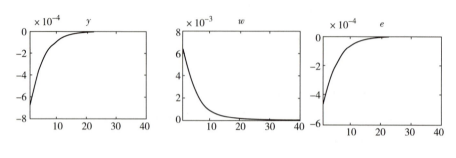

图 3.3.7 $a = 0.8$，$\phi_e = 2.1$

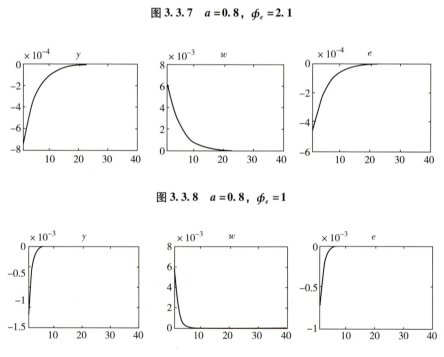

图 3.3.8 $a = 0.8$，$\phi_e = 1$

图 3.3.9 $a = 0.4$，$\phi_e = 2.1$

从图 3.3.7、图 3.3.8 与图 3.3.3 的比较可以看出，对于资本账户开放过程中，产出的波动从相对固定汇率制度下的 0.065% 上升到相对浮动汇率制度下的 0.072%，再到浮动汇率制度下的 0.082%。因此，随着汇率的弹性不断加大，资本账户开放会造成产出波动加大。通货膨

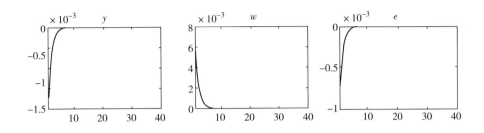

图 3. 3. 10　$a = 0.4$，$\phi_e = 1$

胀率则是一路下行，从相对固定的 0.6% 下降到相对浮动的 0.59%，再到浮动汇率制下的 0.55%。汇率从相对固定到浮动汇率制度的转化过程中波动稍有增加。其背后的原理与前文中一致，即在资本账户开放过程中，随着汇率制度从相对固定转化为浮动，政府对汇率的干预变弱，致使汇率的波动增加，从而进一步导致产出的波动增加，而产出波动与汇率波动的合成效果造成通货膨胀率的降低。

　　在预期的利率规则下，如果资本账户开放速度较快，那么结果又将如何呢？图 3. 3. 9、图 3. 3. 10 与图 3. 3. 6 比较不难发现：随着汇率的弹性不断加大，产出的波动加剧，通货膨胀率有所下降，汇率波动在这一过程中稍有增加。由此可以得到与前文相同的结论：在资本账户的开放过程中，当本国福利函数以产出的波动最小为目标时，相对固定的汇率制度为其首选；当本国更加关注通货膨胀的危害时，相对浮动的汇率制度为其首选；而当本国产出波动与通货膨胀两者兼顾时，则相对折中的汇率制度为其首选。

　　同时，比较图 3. 3. 7 与图 3. 3. 9，以及图 3. 3. 8 与图 3. 3. 10 不难发现，资本账户的开放速度越快，产出与汇率波动加大，而通货膨胀率有所下降。这与前文中的原理一致，即资本账户开放速度提高，ρ_t 的波动加大，引起汇率的波动加大，从而导致产出波动加大，产出波动与汇率波动都影响到通货膨胀率，两者的合成效果引起通货膨胀率的降低。因此可以得到与前文相同的结论，即在资本账户开放过程中，当本国福利函数以产出的波动最小为目标时，相对较慢的开放速度为其首选；当本国更加关注通货膨胀的危害时，相对较快的资本账户开放速度为其首选；而当本国产出与通货膨胀两者兼顾时，则相对折中的资本账户开放速度为其首选。

（三）两种利率规则结果比较

前面介绍了两种利率规则下，资本账户开放过程中产出波动、通货膨胀率与汇率的变动情况。那么，非预期利率规则与预期利率规则对比，哪种规则在资本账户的开放过程中更优呢？对照图3.3.1与图3.3.7、图3.3.2与图3.3.8、图3.3.4与图3.3.9、图3.3.5与图3.3.10不难发现，预期利率规则下产出波动相对小些，通货膨胀率波动稍有降低，汇率的波动也相对小些。这是可以理解的，如果本国盯住汇率变动的预期值，从而对汇率具有更强的稳定作用，汇率波动小，产出的波动也就相应较小。因此，与非预期的利率规则相比，预期的利率规则更优些。

第四节　不同资本账户开放速度与汇率制度下福利分析

上面利用数值模拟分析了不同资本账户开放速度与不同汇率制度下，产出波动、通货膨胀率与汇率变动情况，并指出了本国在不同目标下汇率制度的选择。下面利用福利分析法，揭示资本账户开放与汇率制度的最优选择。在以下分析中代表资本管制的参数 ρ_t 的自回归系数 a 变化范围为 $0 \sim 0.9$，以 0.1 为间距；利率规则中汇率变动系数 ϕ_e 的变化范围为 $0 \sim 2$，同样以 0.1 为间距。依照上文，我们分两种利率规则对福利进行分析，一种是非预期的利率规则，另一种是预期的利率规则。利用 Woodford（2003）的方法，我们得到代表性个体每一期福利损失

函数①为

$$L = (1 + \varphi)\mathrm{var}(\tilde{y}_t) + \frac{\varepsilon}{\lambda}\mathrm{var}(\pi_{H,t}) \qquad (3.4.1)$$

下面，我们将计算不同资本账户开放速度 a 与表示不同汇率制度的系数 ϕ_e 的各种组合下的福利损失，通过福利数据损失的比较，得到资本账户开放与汇率制度安排的最优匹配。

（一）非预期利率规则下福利损失分析

表 3.4.1　　　　　　　　　非预期利率规则下福利损失

ϕ_e ＼ a	0	0.1	0.2	0.3	0.4	0.5	0.6	0.7	0.8	0.9
0	1.5513	1.4638	1.4269	1.4376	1.5003	1.6308	1.8665	2.2999	3.2137	6.0288
0.1	1.5884	1.4954	1.455	1.4632	1.5245	1.6546	1.8912	2.3273	3.2482	6.0868
0.2	1.6262	1.5277	1.4834	1.4891	1.549	1.6787	1.916	2.3548	3.2827	6.1448
0.3	1.6649	1.5606	1.5123	1.5154	1.5737	1.7029	1.9409	2.3825	3.3173	6.2029
0.4	1.7044	1.594	1.5416	1.542	1.5987	1.7273	1.966	2.4102	3.352	6.261
0.5	1.7448	1.6281	1.5714	1.5689	1.6239	1.7519	1.9912	2.438	3.3867	6.319
0.6	1.7861	1.6628	1.6016	1.5961	1.6493	1.7766	2.0166	2.4659	3.4214	6.3771
0.7	1.8283	1.6981	1.6322	1.6237	1.675	1.8016	2.042	2.4939	3.4563	6.4352
0.8	1.8714	1.7341	1.6634	1.6515	1.7009	1.8267	2.0676	2.5219	3.4912	6.4934
0.9	1.9155	1.7707	1.6949	1.6798	1.7271	1.8519	2.0934	2.5501	3.5261	6.5515
1	1.9605	1.808	1.727	1.7083	1.7535	1.8774	2.1192	2.5784	3.5611	6.6096
1.1	2.0065	1.8459	1.7595	1.7372	1.7801	1.903	2.1452	2.6067	3.5961	6.6677
1.2	2.0536	1.8846	1.7925	1.7664	1.807	1.9288	2.1713	2.6351	3.6312	6.7258
1.3	2.1016	1.9239	1.8259	1.796	1.8341	1.9548	2.1975	2.6636	3.6664	6.7839
1.4	2.1507	1.9639	1.8599	1.8259	1.8615	1.981	2.2239	2.6922	3.7016	6.8421
1.5	2.2009	2.0047	1.8943	1.8561	1.8891	2.0073	2.2503	2.7209	3.7368	6.9002
1.6	2.2522	2.0462	1.9293	1.8867	1.917	2.0338	2.2769	2.7496	3.7721	6.9583
1.7	2.3046	2.0884	1.9647	1.9176	1.9451	2.0605	2.3036	2.7785	3.8074	7.0163
1.8	2.3582	2.1313	2.0006	1.9489	1.9734	2.0873	2.3305	2.8074	3.8427	7.0744
1.9	2.4129	2.1751	2.0371	1.9806	2.002	2.1143	2.3574	2.8364	3.8781	7.1325
2	2.4689	2.2196	2.0741	2.0126	2.0309	2.1415	2.3845	2.8654	3.9136	7.1905

① 此损失函数从效用函数推得，具体推导方法可参见 Woodford（2003）与 gali（2005）。

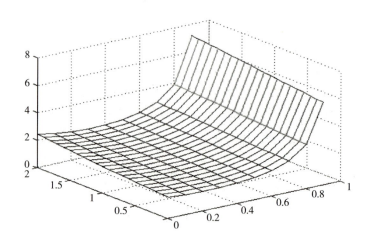

图 3.4.1　非预期利率规则下福利损失

　　表 3.4.1 与图 3.4.1 展示了非预期利率规则下的福利损失。从横向看，表 3.4.1 与图 3.4.1 中的 a 轴展示了一定的汇率制度不同资本账户开放速度下福利损失情况。不难发现，随着资本账户开放速度的提高，福利损失大幅下降。以非预期的利率规则中汇率变动系数 ϕ_e 取 0.8 为例：福利损失从资本账户缓慢开放（$a = 0.9$）下的 6.49 下降到资本账户一蹴而就地开放（$a = 0$）下的 1.87，下降幅度达到 2.5 倍；而当 a 从 0.9 下降到 0.8 时，福利损失从 6.49 下降到 3.49，下降幅度将近 1 倍。由此可以得到结论：在本章设定的各种汇率制度下，资本账户开放都是有助于福利提高的，并且，在资本账户开放速度提高的初始阶段，福利会有显著地提高。从纵向看，表 3.4.1 与图 3.4.1 中 ϕ_e 轴展示了一定资本账户开放速度不同汇率制度下的福利损失情况。从福利损失数据不难看出，随着汇率制度从相对固定转化为完全浮动，福利损失不断地下降，且随着资本账户开放速度的提高，福利损失下降的幅度降低。以 ρ_t 的自回归系数 $a = 0.4$ 与 0.9 为例，在非预期利率规则中汇率变动系数从 2 下降到 0 的过程中，福利损失分别由 2.03 下降到 1.50 和由 7.09 下降到 6.03。由此可以得到结论：在资本账户开放过程中，适当

地增加汇率的弹性有助于福利的提高，并且随着资本账户开放速度的加快，福利损失下降的幅度降低，表明汇率制度对福利的影响减弱。同时注意观察，不难发现，资本账户一蹴而就地开放（对应 ρ_t 的自回归系数 $a=0$）并不对应社会福利损失的最小值。资本账户以 0.1、0.2、0.3、0.4 的速度开放下的福利损失明显小于资本账户一蹴而就开放的情况。由此可以得到结论：资本账户开放要循序渐进地进行，同时进行汇率制度的改革有助于实现本国福利最优。这也正是我国当前所面对的问题，我们应准确把握资本账户的开放速度，同时适当地增加汇率的弹性，以实现全民福利最大化。

（二）预期的利率规则下福利损失分析

表 3.4.2 　　　　　　　　　　预期的利率规则下福利损失

ϕ_e \ a	0	0.1	0.2	0.3	0.4	0.5	0.6	0.7	0.8	0.9
0	1.5513	1.4638	1.4269	1.4376	1.5003	1.6308	1.8665	2.2999	3.214	6.0288
0.1	1.5513	1.4669	1.4325	1.4452	1.5099	1.6427	1.8813	2.3191	3.241	6.081
0.2	1.5513	1.47	1.4381	1.4529	1.5197	1.6546	1.8961	2.3383	3.269	6.1332
0.3	1.5513	1.4732	1.4437	1.4606	1.5294	1.6666	1.911	2.3576	3.297	6.1855
0.4	1.5513	1.4764	1.4493	1.4684	1.5392	1.6787	1.926	2.3769	3.324	6.2377
0.5	1.5513	1.4795	1.455	1.4761	1.549	1.6908	1.9409	2.3963	3.352	6.29
0.6	1.5513	1.4827	1.4606	1.4839	1.5589	1.7029	1.956	2.4157	3.38	6.3423
0.7	1.5513	1.4859	1.4663	1.4917	1.5688	1.7151	1.9711	2.4352	3.408	6.3946
0.8	1.5513	1.4891	1.472	1.4996	1.5787	1.7273	1.9862	2.4547	3.435	6.4469
0.9	1.5513	1.4922	1.4777	1.5075	1.5887	1.7396	2.0014	2.4743	3.463	6.4992
1	1.5513	1.4954	1.4834	1.5154	1.5987	1.7519	2.0166	2.4939	3.491	6.5515
1.1	1.5513	1.4986	1.4892	1.5233	1.6087	1.7642	2.0318	2.5135	3.519	6.6038
1.2	1.5513	1.5018	1.4949	1.5313	1.6188	1.7766	2.0471	2.5332	3.547	6.6561
1.3	1.5513	1.5051	1.5007	1.5393	1.629	1.7891	2.0625	2.5529	3.575	6.7084
1.4	1.5513	1.5083	1.5065	1.5473	1.6391	1.8016	2.0779	2.5727	3.603	6.7607
1.5	1.5513	1.5115	1.5123	1.5554	1.6493	1.8141	2.0934	2.5925	3.631	6.813
1.6	1.5513	1.5147	1.5181	1.5635	1.6596	1.8267	2.1089	2.6124	3.659	6.8653
1.7	1.5513	1.518	1.524	1.5716	1.6699	1.8393	2.1244	2.6323	3.688	6.9176
1.8	1.5513	1.5212	1.5298	1.5797	1.6802	1.8519	2.14	2.6522	3.716	6.9699
1.9	1.5513	1.5244	1.5357	1.5879	1.6905	1.8647	2.1556	2.6722	3.744	7.0221
2	1.5513	1.5277	1.5416	1.5961	1.7009	1.8774	2.1713	2.6922	3.772	7.0744

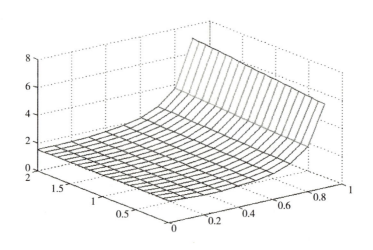

图 3.4.2 预期的利率规则下福利损失

  表 3.4.2 与图 3.4.2 展示了预期的利率规则下，不同资本账户开放速度与不同汇率制度下的福利损失。依照表 3.4.2 与图 3.4.2 同样的分析方法，横向看表 3.4.2 与图 3.4.2 可以发现，随着资本账户开放速度的提高，福利损失不断下降，并且在资本账户开放速度提高的初始阶段，福利损失有显著下降。因此，在本章设定的各种汇率制度下，资本账户的开放都是有助于福利提高的，而且在资本账户开放速度提高的初始阶段，福利会有显著地提高。纵向看表 3.4.2 与图 3.4.2，不难发现随着汇率制度从相对固定转化为完全浮动，福利损失不断下降，且随着资本账户开放速度的提高，福利损失下降的幅度降低，表明汇率制度对福利的影响减弱。比较 ρ_t 的自回归系数 $a=0$ 即资本账户一蹴而就的开放与 $a=0.1$、0.2、0.3 与 0.4 即资本账户循序渐进的开放下福利损失情况，不难发现，资本账户循序渐进开放下的福利损失明显小于资本账户一蹴而就开放的情况。由此可以得到结论：资本账户开放要循序渐进地进行，同时进行汇率制度的改革才能实现本国福利最优。因此，预期的利率规则下的福利比较得到与非预期的利率规则下相同的结论。

（三）两种利率规则下福利损失比较

比较表 3.4.1 与表 3.4.2，不难发现，在相同的资本账户开放速度与相同的汇率制度下，预期的利率规则下福利损失明显小于非预期的利率规则下的福利损失。这是可以理解的，如果本国以下一期的汇率变动作为货币政策的目标，则汇率的波动就会相对减小，相应产出的波动以及经济体的波动就会降低，从而全民福利有所提高。因此，在资本账户开放过程中预期的利率规则要优于非预期的利率规则。

第五节 资本账户开放典型事实分析

资本账户的开放始于 20 世纪 70 年代的金融自由化过程，比如发达国家中的法国、英国、荷兰等都在 70 年代实现了资本账户开放。20 世纪 90 年代，发展中国家也开始了资本账户开放的历程，比较成功的例子有智利、印度、哥伦比亚等。其中泰国、马来西亚与墨西哥在资本账户开放过程中遭受了危机，普遍认为这些国家遭受危机是因为在资本账户开放过程中实行了相对固定的汇率制度。但是从本节的结论可以看出，即使在相对固定的汇率制度下，资本账户的开放仍然会提高本国的福利，这可以从这些国家危机前夕的经济发展数据中看出。

从各个国家的资本账户开放历程来看，大多是循序渐进进行的。比如法国（1972—1975 年）用了 4 年，荷兰（1981—1985 年）用了 5 年，智利（1985—1994 年）用了 10 年，印度（1991—1994 年）用了 4 年。这与本章的结论之一是一致的：相对于一蹴而就的资本账户开放，资本账户开放循序渐进地进行会有助于福利的提高。

同时，智利（1985—1994 年）资本账户开放过程伴随着汇率制度的改革。1986 年 8 月，智利央行将汇率的每日上下浮动区间由 0.5% 扩大到 2%；1988 年，汇率围绕中心汇率上下浮动的区间扩大到 3%；

1989年汇率围绕中心汇率上下波动的区间由3%扩大到5%；1992年智利的汇率由盯住美元改为盯住包括美元、德国马克和日元的固定篮子货币，智利比索围绕中心汇率上下浮动的区间由5%扩大到10%；1996年，智利对货币篮子的构成进行了调整，汇率浮动区间由上下浮动10%扩大到12.5%。可以说，智利资本账户开放过程中的一个重要措施就是汇率制度的改革，从未开放前窄幅波动的相对固定的汇率制度，向着更富有灵活性的方向发展。在此前提下智利的资本账户开放取得了良好的效果，这可以从其资本流入的情况看出。如表3.5.1所示，自1988年至1997年智利资本账户开放以来，国外资本流入量从初期的非理性逐渐向理性发展。国外资本流入量的不断提高反映了智利的资本账户开放状态不断加深，与相应的汇率改革相配合，智利的经济趋于健康发展，从而充分证明了本节中理论模型得到的结论：资本账户开放与汇率制度改革相结合会提高本国的福利。

表3.5.1　　　　　　智利资本账户开放过程中资本流动情况

单位：百万美元,%

年份＼流入额	短期资本流入	长期资本流入	总流入	短期流入占比	长期流入占比
1988	916 564	34 838	951 402	96.3	3.7
1989	1 425 595	77 122	1 529 717	95.0	5.0
1990	1 683 149	181 419	1 864 568	90.3	9.7
1991	521 198	196 115	717 313	72.7	27.3
1992	225 197	554 072	779 269	28.9	71.1
1993	159 462	515 147	674 609	23.6	76.4
1994	161 575	819.699	981 274	16.5	83.5
1995	69 675	1 051 829	1 121 504	6.2	93.8
1996	67 254	2 042 456	2 109 710	3.2	96.8
1997	81 131	2 805 882	2 887 013	2.8	97.2

资料来源：Edwards, Sebastian, How effective of capital controls? 1999. http://www.anderson. ucla. edu/faculty/sebastion. edwards/controls_ final. pdf.

第六节　本章小结

随着经济全球化的不断深入，越来越多的国家将会面临着资本账户开放。而从历史上看，多数资本账户已开放的国家大多是循序渐进地走向开放的。汇率作为货币政策的重要组成部分，如何与资本账户的开放历程相匹配，是一个值得深入探讨的问题。本章通过构建理论模型，进行数值模拟与福利分析探讨了资本账户开放下汇率制度的选择。我们比较了不同资本账户开放速度、不同汇率制度、不同货币政策规则下，产出、通货膨胀率与汇率的波动情况，并进行了福利分析，主要得到以下结论①：（1）随着汇率制度从相对固定转化为浮动汇率制度，福利损失不断地下降，且随着资本账户开放速度的提高，福利损失下降的幅度降低；（2）在设定的各种汇率制度下，资本账户的开放都是有助于福利提高的，而且在资本账户开放速度提高的初始阶段，福利会有显著地提高；（3）资本账户开放要循序渐进地进行，同时配合汇率制度的改革才能实现本国的福利最优。

2014 年 3 月 15 日，中国人民银行宣布，自 3 月 17 日起银行间即期外汇市场人民币兑美元交易价浮动幅度由 1% 扩大到 2%。2014 年 5 月 12 日，国务院出台了《关于进一步促进资本市场健康发展的若干意见》。该意见中增加合格境外机构投资者（QFII）投资额度，进一步扩大了人民币合格境外机构投资者（RQFII）试点范围。2014 年 11 月 17 日，经国务院批准，沪港通交易试点正式启动。启动沪港通交易试点，使内地与香港投资者能够互相买卖股票，有利于进一步推动资本市场双向开放，推动资本项目可兑换。从以上的事实可以看出，我国正在稳步地推进资本账户的开放与汇率制度的改革。但是，利用数据分析不难

---

① 以下三种结论还不是学界的共识，需要进一步的验证，期待该领域新的研究出现。

发现：相对于资本账户的开放速度，我国的汇率制度改革稍显滞后。依照得到的结论，我国货币当局应进一步加大汇率制度改革的力度，使资本账户开放与汇率制度改革相协调，从而提高全民的福利。

国内有学者利用不可能三角理论与利率平价理论，推演出利率、汇率改革和资本账户开放应该在完成利率市场化和汇率形成机制后再开放资本账户，即遵循"先内后外"的改革次序，否则会形成巨大风险。这与本章得到的结论不相一致。从本章的分析可以看出，如果汇率改革与资本账户开放过程相结合，有助于提高本国福利。两者差别的原因可能是在模型中没有考虑到因金融系统的脆弱性带来的风险。这可以作为进一步研究的方向。但是，我们认为过分地夸大金融系统的风险也是不可取的。我国的经济体制改革已经到了关键时期，相应的制度调整也势在必行，希望本章对我国汇率制度改革提供一定参考。

Chapter Four

资本账户开放与
经济发展水平① 第四章

① 相关研究成果已发表在《上海经济研究》。

随着改革开放的不断深入，我国经济取得了举世瞩目的成就，经济体量与经济质量有了明显的提高。2015 年我国 GDP 已经达到 113 830.3亿美元，现已跃升为仅次于美国的第二大经济体，人均产出即经济发展水平已经达到 7 600 多美元，接近中等收入国家水平。那么，我国的资本账户开放应如何与本国的经济发展水平相匹配，即一国经济发展水平对资本账户的开放具有何种影响？以上问题的研究不但可以丰富资本账户开放理论，而且可以有效地指导我国改革实践，因此具有重要意义。本章试图对此进行分析。

回顾现有的研究成果，多位学者通过实证分析指出资本账户开放对经济增长的促进作用取决于该国的经济发展水平，代表性的研究有：Edwards（2001）显示资本账户开放对不同经济发展水平国家的影响不同，对于工业化国家与经济发展水平较高的新兴市场国家，资本账户开放对经济增长有促进的作用；而对于低收入国家，资本账户的开放有可能阻碍了该国的经济增长。Arteta，Eichengreen 与 Wyplosz（2001a）得到了同样的结论，并进一步指出该国的宏观经济稳定状况对资本账户开放促进经济增长的结论有重要影响。而 Klein（2003）研究了基准收入与资本账户开放之间的关系，得到资本账户开放促进中等收入国家的经济增长，对高收入与低收入国家作用不明显的结论。Kim（2003）研究发现，资本账户开放可以促进一国的财政预算赤字降低，但对该国经济增长影响还取决于该国经济发展状况。

纵观现有的研究成果，大多是基于数据的实证分析，而该问题的理论分析还存在明显的不足。一国的经济发展水平，对资本账户开放是否有影响，且经济发展水平如何与资本账户的开放进程相适应，从而实现本国福利最优的理论研究是重要而迫切的，该问题的研究对于当前我国资本账户开放具有重要的指导意义。我们构建开放型新凯恩斯模型，量化资本账户开放速度与经济发展水平概念，利用数值模拟与福利分析，分析两者的最优搭配情况。通过福利损失数据比较，我们得到定性结论：在资本账户开放过程中，本国的经济发展水平提高会有助于本国福利提高，且在资本账户开放速度较慢时，本国福利会有显著提高，这表明经济发展水平在资本账户开放速度较慢时，对福利的影响较大。具体内容我们将在本章详细介绍。

第一节　新凯恩斯模型中资本账户开放与经济发展水平引入

我们把描述资本账户开放的因素与经济发展水平的概念引入第二章中基本的新凯恩斯理论框架，构建分析资本账户开放与经济发展水平关系的理论框架，为下面数值模拟与福利分析做准备。

（一）产出波动动态方程

假定本国存在着一定的资本管制，外部资金要想进入本国，必然要绕过一定管制，从而产生一定的成本，因此利率平价条件可表示为

$$i_t = i_t^* + e_{t+1} - e_t + \rho_t \qquad (4.1.1)$$

i_t^* 为外国利率水平，不失一般性可设为 0。ρ_t 即为单位外部资金绕过资本管制所产生的成本，也可以看作是本国（资本账户未开放）与外国之间的利差，本国资本账户渐进开放过程即表现为 ρ_t 逐渐减小的过程。考虑到大多数国家资本账户是逐渐放开的，ρ_t 可以设定为一个一阶自回归过程，即有 $\rho_t = a\rho_{t-1} + u$，其中，$0 < a < 1$，u 为一白噪声过程。a 的大小表示资本账户的开放速度，越大表示资本账户的开放速度越缓慢，反之则表示资本账户开放速度较快。

本国总产出定义为 $Y_t = \left[\int_0^1 Y_t(j)^{\frac{\epsilon-1}{\epsilon}} dj \right]^{\frac{\epsilon}{\epsilon-1}}$，产品市场均衡可表示为

$$Y_t = (1-\alpha)\left(\frac{P_{H,t}}{P_t}\right)^{-\eta} C_t + \alpha\left(\frac{P_{H,t}}{e_t P_t^*}\right)^{-\eta} C_t^* \qquad (4.1.2)$$

对式（4.1.1）进行对数线性化，假定外国消费与价格不变，得到

$$y_t = zc_t + z^* \eta e_t \qquad (4.1.3)$$

其中，$z = (1 - \alpha)\left(\dfrac{\overline{P_{H,t}}}{\overline{P_t}}\right)^{-\eta} \dfrac{\overline{C_t}}{\overline{Y}}$，$z^* = \alpha\left(\dfrac{\overline{P_{H,t}}}{e_t \overline{P_t^*}}\right)^{-\eta} \dfrac{\overline{C_t^*}}{\overline{Y}}$，变量上加横线表示稳态值。$z^*$ 表示为外国人均消费与本国人均产出的比，其大小反映了本国经济发展水平。经济发展水平的定义为一国的人均产出，考虑到人均消费等于人均产出乘以一国的边际消费倾向，因此，z^* 可以用来表示国家间的相对经济发展水平，越大表示本国的经济发展水平较低，反之则较高。以中国与美国为例，美国的 GDP 是中国的 1.7 倍，美国的消费占产出比为 0.8，人口为中国的 1/4，如果中国对外开放度的值取 0.4，因此 z^* 为 2.4。如果中国的人均 GDP 相对美国增长，即中国的经济发展水平提高，则 z^* 变小。

y_t 对稳态偏离的动态方程

$$\tilde{y}_t = \tilde{y}_{t+1} + \frac{z}{\sigma}(1 - \alpha)\pi_{H,t+1} - \left[z^* \eta + \frac{z}{\sigma}(1 - \alpha)\right]\Delta e_{t+1}$$

$$+ \frac{z}{\sigma}\delta - \frac{z}{\sigma}\rho_t + (y_{t+1}^n - y_t^n) \qquad (4.1.4)$$

其中，$\tilde{y}_t = y_t - y_t^n$、$y_t^n$、$y_{t+1}^n$ 表示 t 期与 $t+1$ 期的自然产出水平，外生决定。

（二）通货膨胀率动态方程

边际成本的表示形式为

$$mc_t = \left(\frac{\sigma}{z} + \varphi\right)y_t - \sigma\frac{z^*}{z}\eta e_t + \alpha s_t - (1 + \varphi)a_t \qquad (4.1.5)$$

由此，通货膨胀率的动态方程

$$(1 + \lambda\alpha)\pi_{H,t} = \beta\pi_{H,t+1} + \lambda\left(\frac{\sigma}{z} + \varphi\right)\tilde{y}_t - \lambda\left(\sigma\frac{z^*}{z}\eta - \alpha\right)\Delta e_t$$

$$(4.1.6)$$

(三) 货币市场动态方程

假定本国的采用利率规则，其表达式为

$$i_t = \gamma + \phi_\pi \pi_t + \phi_y \tilde{y}_t + \phi_e \Delta e_{t+1} + \nu_t \qquad (4.1.7)$$

其中，截距项 γ 是为了保证一个零通胀的稳态，ϕ_π，ϕ_y，ϕ_e 为非负的系数。本模型通过在货币政策规则中引入汇率波动来区分不同的汇率制度，$\phi_e \neq 0$ 对应管理浮动汇率制度（越大汇率制度越为固定）；当 $\phi_e = 0$ 时，对应完全浮动汇率制度。ν_t 表示 t 期的外生扰动。货币市场的动态方程为

$$\gamma + \phi_\pi \pi_t + \phi_y \tilde{y}_t + \phi_e \Delta e_{t+1} + \nu_t = i_t^* + \Delta e_{t+1} + \rho_t \qquad (4.1.8)$$

以上，我们得到了产出波动、通货膨胀率与汇率变动的动态方程，三个方程构成一个动态的系统。当本国资本账户开放状态不调整时，内生变量产出波动、通货膨胀率与汇率变动均为 0；当本国资本账户开放状态调整时，此三个内生变量发生变化。下面，我们将数值模拟不同经济发展水平与不同资本账户开放速度组合下，此三个内生变量的动态变化，比较得到经济发展水平与资本账户开放的最优匹配。然后进一步设定由产出波动与通货膨胀率构成的福利函数，计算不同经济发展水平与不同资本账户开放速度组合下的福利损失，通过比较福利损失的数据，得到经济发展水平与资本账户开放的最优匹配。

第二节　不同资本账户开放速度与经济发展水平下的脉冲响应

下面分两种汇率制度进行数值模拟：一种是浮动汇率制度（$\Phi_e = 0$），另一种是管理浮动汇率制度（$\Phi_e = 1.5$）。z^* 的值取 2、8 与 20，分别对应较高的经济发展水平、中等的经济发展水平与较低的经济发展

水平,以美国为例①,相当于外国人均产出是本国的 1 倍、6 倍与 15 倍的情况。资本账户的开放速度 a 取 0.8 与 0.4,分别对应较慢的资本账户开放速度与较快的资本账户开放速度。我们把不同的经济发展水平与资本账户开放速度进行组合,做脉冲响应,比较相同冲击下,产出波动、通货膨胀率与汇率变动情况,比较得到经济发展水平与资本账户开放的最优匹配。

(一)浮动汇率制度下的脉冲响应

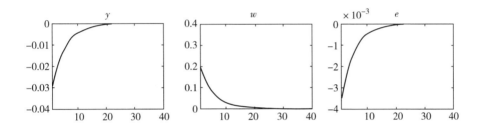

图 4.2.1 $a = 0.8$,$z^* = 20$

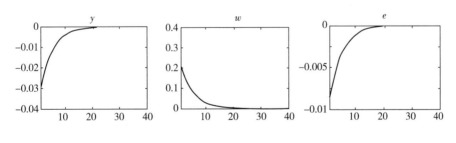

图 4.2.2 $a = 0.8$,$z^* = 8$

图 4.2.1、图 4.2.2 与图 4.2.3,展示了在 0.1 单位的正向外生冲击与资本账户开放速度较慢为 0.8 时经济发展水平,z^* 分别取 20、8 与 2 的情况。从图中可以清晰看出,资本账户开放使得产出下降,通货膨胀率上升,汇率升值。但在不同的经济发展水平 z^* 下,产出、通货膨胀

---

① 美国的储蓄率大约为 0.2。

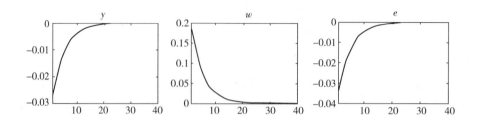

图 4.2.3 $a = 0.8$，$z^* = 2$

率与汇率的变动不同。当 z^* 从 20 变动到 2 的过程中（即经济发展水平
上升），产出变动率分别为 0.029，0.028 与 0.026；通货膨胀率也有明
显的变动，从 0.21 下降到 0.20，再到 0.18；汇率的变动则更为明显，
从 0.0034 上升到 0.008 再到 0.031。这是因为：资本管制降低，外部资
金流入，汇率升值，引起产出下降，经济发展水平越低时，汇率变动对
产出的影响越大，本国货币政策中有抑制产出波动的因素，间接抑制了
汇率的波动，因此随着经济发展水平的下降，汇率的波动降低；但是，
产出的波动还受到经济发展水平的影响，汇率波动降低，但经济发展水
平较低，两者的合成效果，产出的波动可能上升；产出的下降引起通货
膨胀率降低，汇率的升值引起通货膨胀率上升，当产出的影响大于汇率
升值的影响，通货膨胀率降低。由此大致可以得到结论：在浮动汇率制
度下资本账户开放过程中，随着本国经济发展水平的提高，产出与通货
膨胀率的波动降低，而汇率的波动加剧。因此，在浮动汇率制度下资本

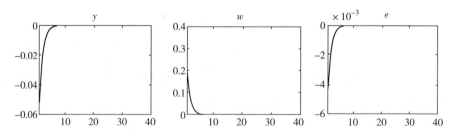

图 4.2.4 $a = 0.4$，$z^* = 20$

账户开放过程中，为了降低产出与通货膨胀率的波动，本国应该尽量提高经济发展水平，而在此期间，本国的汇率波动将会加大。

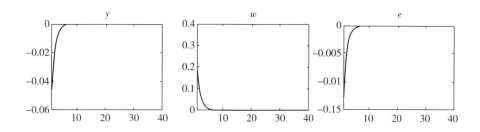

图 4. 2. 5　$a = 0.4$，$z^* = 8$

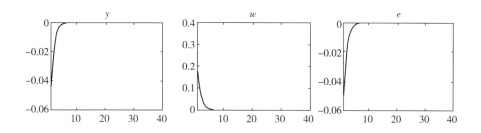

图 4. 2. 6　$a = 0.4$，$z^* = 2$

图 4.2.4、图 4.2.5 与图 4.2.6 展示了在 0.1 单位的正向外生冲击与资本账户开放速度较快为 0.4 时，z^* 分别取 20、8 与 2 的情况。从图中可以清晰看出：产出下降，通货膨胀率上升，汇率升值。但在不同的经济发展水平 z^* 下，产出、通货膨胀率与汇率的变动不同。当 z^* 从 20 变动到 2 的过程中，产出变动率分别为 0.043，0.042 与 0.041；通货膨胀率也有明显的变动，从 0.20 下降到 0.19，再到 0.18；汇率的变动则更为明显，从 0.005 上升到 0.012 再到 0.045。其原理与浮动汇率制度下资本账户开放速度为 0.8 时相同。由此大致可以得到与前文中相同的结论：在浮动汇率制度下资本账户开放过程中，随着本国经济发展水平的提高，产出与通货膨胀率的波动降低，而汇率的波动加剧。因此，在浮动汇率制度下资本账户开放过程中，为了降低产出与通货膨胀率的

波动，本国应该尽量提高经济发展水平，而在此期间，本国的汇率波动将会加大。

比较图 4.2.1 与图 4.2.4、图 4.2.2 与图 4.2.5，图 4.2.3 与图 4.2.6，不难发现，随着资本账户开放速度从 0.8 下降到 0.4，在相同的经济发展水平 20、8 与 2 下，产出的波动加大，通货膨胀率有所降低，汇率的波动加大。这是因为：资本账户开放速度提高，外部资金流入加剧，汇率的波动加大，汇率的波动加大引起相同经济发展水平下产出波动加大，而产出与汇率波动的合成效果引起通货膨胀率的降低。因此大致可以得到结论，在一定的经济发展水平下，如果一国更关注产出与汇率的波动，应选择较慢的资本账户开放速度；如果一国更关注通货膨胀的危害，应选择较快的资本账户开放速度；如果三者兼顾，则应选择相对折中的资本账户开放速度。

（二）管理浮动汇率制度下的脉冲响应

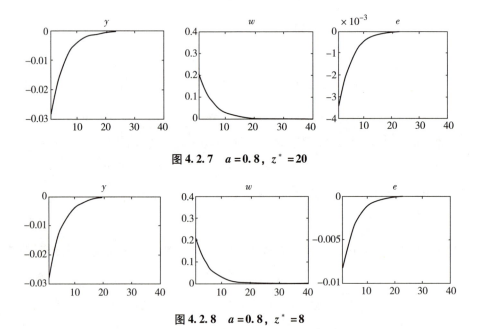

图 4.2.7　$a = 0.8$，$z^* = 20$

图 4.2.8　$a = 0.8$，$z^* = 8$

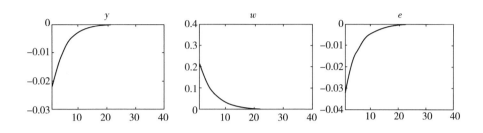

图 4. 2. 9　$a = 0.8$, $z^* = 2$

　　图 4. 2. 7、图 4. 2. 8 与图 4. 2. 9 展示了在 0. 1 单位的正向外生冲击与资本账户开放速度较慢为 0. 8 时，z^* 分别取 20、8 与 2 的情况。从图中可以清晰看出：产出下降，通货膨胀率上升，汇率升值。但在不同的经济发展水平 z^* 下，产出、通货膨胀率与汇率的变动不同。当 z^* 从 20 变动到 2 的过程中，产出的变动分别为 0. 028，0. 027 与 0. 021；通货膨胀率的变动与浮动汇率下的情况相反，有上升的趋势，z^* 取 20 与 8 时保持 0. 20 ，z^* 取 2 时上升到 0. 21；汇率的变动则较为明显，从 0. 0032 上升到 0. 007 再到 0. 03。这里的原理与浮动汇率制度下基本相同，只是这时除了因货币政策中对产出波动抑制而导致的对汇率波动的抑制作用，管理浮动汇率制度下进一步抑制了汇率的波动，汇率波动的降低造成产出波动下降，这在管理浮动汇率制度下表现得尤甚，而产出波动与汇率变动的合成效果造成通货膨胀率可能上升。由此大致可以得到与前文中相同的结论：在管理浮动汇率制度下资本账户开放的过程中，随着本国经济水平的提高，产出的波动降低，而汇率的波动加剧。所不同的是通货膨胀率有上升的趋势。因此，在管理浮动汇率制度下资本账户开放过程中，为了降低产出的波动，本国应该尽量提高经济发展水平；但同时通货膨胀率有可能上升；而在这期间，本国的汇率波动将会加大。

　　图 4. 2. 10、图 4. 2. 11 与图 4. 2. 12 展示了在 0. 1 单位的正向外生冲击与资本账户开放速度较快为 0. 4 时，z^* 分别取 20、8 与 2 的情况。从

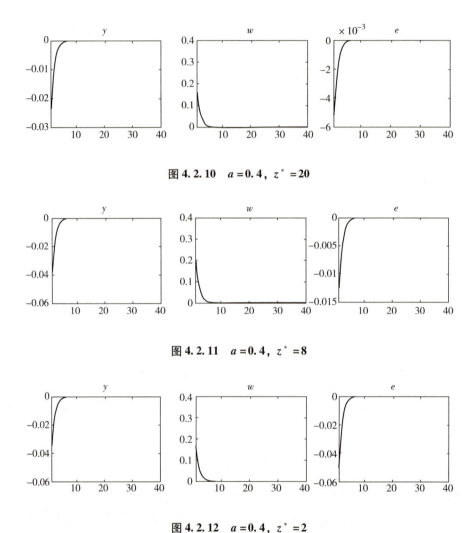

图 4.2.10 $a = 0.4$，$z^* = 20$

图 4.2.11 $a = 0.4$，$z^* = 8$

图 4.2.12 $a = 0.4$，$z^* = 2$

图中可以清晰看出：产出下降，通货膨胀率有上升趋势，汇率的波动加剧。其原理与管理浮动汇率制度下资本账户开放速度为 0.8 时一致。由此大致可以得到与前文相同的结论：在管理浮动汇率制度下资本账户开放过程中，随着本国经济发展水平的提高，产出波动降低，而汇率的波动加剧，通货膨胀率有可能上升。因此，在管理浮动汇率制度下资本账户开放过程中，为了降低产出的波动，本国应该尽量提高经济发展水平，而在此期间，本国的通货膨胀率可能上升，汇率波动将会加大。

比较图4.2.7与图4.2.10、图4.2.8与图4.2.11、图4.2.9与图4.2.12，不难发现随着资本账户开放速度从0.8下降到0.4，产出的波动加大，通货膨胀率没有明显变化，汇率的波动加大。其原理与浮动汇率制度下基本相同。因此，可以得到结论：在一定的经济发展水平下，如果一国更关注产出与汇率的波动，应选择较慢的资本账户开放速度。这里与前面浮动汇率制度下得到的结论稍有不同，主要区别在于通货膨胀率的波动不明显。

（三）两种汇率制度下脉冲响应比较

比较图4.2.1与图4.2.7 、图4.2.2与图4.2.8、图4.2.3与图4.2.9、图4.2.4与图4.2.10、图4.2.5与图4.2.11、图4.2.6与图4.2.12，即在相同的经济发展水平、相同的资本账户开放速度与不同的汇率制度下，产出、通货膨胀率与汇率的波动情况。不难发现，与浮动汇率制度相比，管理浮动汇率制度下，产出的波动降低，通货膨胀率有所上升，汇率的波动降低。这是因为：管理浮动汇率制度下对汇率的波动有抑制作用，汇率波动降低进一步导致产出波动降低，而汇率变动与产出波动的合成效果可能造成通货膨胀率的上升。因此可以大致得到结论，如果一国更关注产出的波动，在资本账户开放的过程中应选择相对固定的汇率制度；如果更关注通货膨胀的危害，应选择相对浮动的汇率制度；而如果既关注产出的波动又关注通货膨胀的危害，则应选择相对折中的汇率制度。

第三节　不同资本账户开放速度与经济 发展水平下福利分析

上面利用数值模拟分析了不同经济发展水平、不同资本账户开放速度与不同汇率制度下，产出波动、通货膨胀率与汇率变动的情况，研究了三者之间的组合关系。下面利用福利分析法，分析资本账户开放、经济发展水平与汇率制度的最优搭配。在以下的分析中 ρ_t 的自回归系数 a 变化范围为 $0 \sim 0.9$，以 0.1 为间距；经济发展水平 z^* 的变动范围为 $2 \sim 20$，以 1 为间距。依照上文，我们分析两种汇率制度下的情况：一种是浮动汇率制度（$\Phi_e = 0$），另一种是管理浮动汇率制度（$\Phi_e = 1.5$）。利用 Woodford（2003）的方法，我们得到代表性个体每一期福利损失函数为

$$L = (1 + \varphi)\operatorname{var}(\tilde{y}_t) + \frac{\varepsilon}{\lambda}\operatorname{var}(\pi_{H,t}) \qquad (4.3.1)$$

（一）浮动汇率制度下的福利分析

表 4.3.1　　　　浮动汇率制度、不同经济发展水平与资本账户

开放速度下福利损失情况

z^* ＼ a	0	0.1	0.2	0.3	0.4	0.5	0.6	0.7	0.8	0.9
2	1.5513	1.4215	1.3555	1.3435	1.3857	1.4941	1.7012	2.0904	2.9186	5.4794
3	1.5513	1.448	1.4003	1.4026	1.4577	1.5802	1.8056	2.2232	3.1063	5.83
4	1.5513	1.4612	1.4228	1.4326	1.4947	1.6247	1.8597	2.2921	3.2038	6.0121
5	1.5513	1.469	1.4364	1.4507	1.5171	1.6518	1.8928	2.3343	3.2635	6.1236
6	1.5513	1.4742	1.4454	1.4629	1.5322	1.67	1.9151	2.3628	3.3038	6.1989
7	1.5513	1.4779	1.4519	1.4716	1.5431	1.6832	1.9312	2.3833	3.3329	6.2532
8	1.5513	1.4807	1.4567	1.4782	1.5512	1.6931	1.9433	2.3988	3.3548	6.2941
9	1.5513	1.4828	1.4605	1.4833	1.5576	1.7008	1.9528	2.4109	3.3719	6.3261
10	1.5513	1.4845	1.4635	1.4874	1.5627	1.707	1.9604	2.4206	3.3857	6.3518
11	1.5513	1.4859	1.466	1.4908	1.5669	1.7121	1.9666	2.4286	3.397	6.3729
12	1.5513	1.4871	1.468	1.4936	1.5704	1.7164	1.9718	2.4352	3.4064	6.3905
13	1.5513	1.4881	1.4698	1.4959	1.5734	1.72	1.9762	2.4409	3.4144	6.4055
14	1.5513	1.489	1.4713	1.498	1.5759	1.7231	1.98	2.4457	3.4213	6.4183
15	1.5513	1.4897	1.4726	1.4998	1.5781	1.7257	1.9833	2.4499	3.4273	6.4294

续表

z* \ a	0	0.1	0.2	0.3	0.4	0.5	0.6	0.7	0.8	0.9
16	1.5513	1.4903	1.4737	1.5013	1.5801	1.7281	1.9862	2.4536	3.4325	6.4392
17	1.5513	1.4909	1.4747	1.5027	1.5818	1.7302	1.9887	2.4569	3.4371	6.4478
18	1.5513	1.4914	1.4756	1.5039	1.5833	1.732	1.991	2.4598	3.4412	6.4555
19	1.5513	1.4919	1.4764	1.505	1.5846	1.7337	1.993	2.4624	3.4449	6.4624
20	1.5513	1.4923	1.4771	1.5059	1.5859	1.7352	1.9949	2.4647	3.4482	6.4685

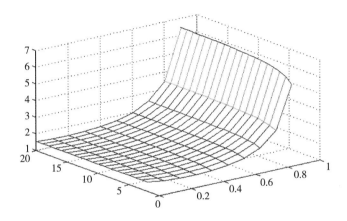

图 4.3.1 浮动汇率制度下、不同经济发展水平与资本账户开放速度下福利损失情况

表 4.3.1 与图 4.3.1 展示了浮动汇率制度下不同经济发展水平与资本账户开放速度下福利损失情况。从纵向看,表 4.3.1 与图 4.3.1 中 z^* 轴展示了在一定资本账户开放速度不同经济发展水平下的福利损失情况。从中不难看出,随着经济发展水平从 20 变动到 2 的过程中,福利损失不断下降,且在资本账户开放速度较慢时福利损失的下降更为明显。当 ρ_t 的自回归系数 $a = 0.3$ 时,在经济发展水平从 20 下降到 2 的过程中,福利损失由 1.51 下降到 1.34,下降了 0.17;而 $a = 0.8$ 时,福利损失在这一过程中从 3.45 下降到 2.92,下降了 0.53。由此可以大致得到结论:在资本账户开放过程中,本国的经济发展水平提高会有助于本国福利的提高,且在资本账户开放速度较慢时,本国福利会有显著地

提高，这表明经济发展水平在资本账户开放速度较慢时，对福利的影响较大。从横向看，表4.3.1与图4.3.1中的 a 轴展示了在一定经济发展水平不同资本账户开放速度下福利损失情况。不难发现，随着资本账户开放速度的提高，福利损失下降，且在资本账户开放速度较慢阶段，福利损失会有更显著地降低。以经济发展水平 z^* 取8为例，在资本账户开放速度从0.9变化到0.8时，福利损失从6.43下降到3.42，下降幅度将近1倍；而资本账户开放速度从0.4变化到0.3时，福利损失从1.58下降到1.50，仅下降了0.08。同时，不难发现资本账户一蹴而就地开放（ $a=0$ ）并不对应福利损失最小的情况，当资本账户以0.2的速度开放时，福利损失最小。由此可以得到结论：资本账户的开放速度同样影响着本国的福利损失，适当的开放速度福利损失会有显著地降低。

（二）管理浮动汇率制度下的福利分析

表4.3.2 **管理浮动汇率制度、不同经济发展水平与资本账户**

开放速度下福利损失情况

z^* \ a	0	0.1	0.2	0.3	0.4	0.5	0.6	0.7	0.8	0.9
2	1.5513	1.4539	1.4119	1.4199	1.4812	1.6108	1.8456	2.2772	3.1866	5.9867
3	1.5513	1.4696	1.4383	1.4544	1.5229	1.6602	1.9047	2.3512	3.2898	6.1767
4	1.5513	1.4773	1.4514	1.4718	1.5441	1.6855	1.9351	2.3895	3.3433	6.2753
5	1.5513	1.4819	1.4593	1.4823	1.557	1.7008	1.9536	2.4129	3.376	6.3357
6	1.5513	1.4849	1.4645	1.4893	1.5656	1.7111	1.9661	2.4286	3.3981	6.3765
7	1.5513	1.4871	1.4683	1.4943	1.5718	1.7185	1.975	2.44	3.4139	6.4059
8	1.5513	1.4887	1.4711	1.4981	1.5764	1.7241	1.9818	2.4485	3.4259	6.4281
9	1.5513	1.49	1.4733	1.501	1.58	1.7285	1.987	2.4552	3.4353	6.4455
10	1.5513	1.491	1.475	1.5034	1.5829	1.7319	1.9913	2.4606	3.4428	6.4594
11	1.5513	1.4918	1.4765	1.5053	1.5853	1.7348	1.9947	2.465	3.449	6.4709
12	1.5513	1.4925	1.4777	1.5069	1.5873	1.7372	1.9976	2.4686	3.4542	6.4804

续表

z* \ a	0	0.1	0.2	0.3	0.4	0.5	0.6	0.7	0.8	0.9
13	1.5513	1.493	1.4787	1.5082	1.589	1.7392	2.0001	2.4717	3.4586	6.4885
14	1.5513	1.4935	1.4795	1.5094	1.5904	1.7409	2.0022	2.4744	3.4623	6.4955
15	1.5513	1.494	1.4803	1.5104	1.5917	1.7424	2.004	2.4767	3.4656	6.5015
16	1.5513	1.4943	1.4809	1.5113	1.5928	1.7438	2.0056	2.4788	3.4684	6.5068
17	1.5513	1.4947	1.4815	1.5121	1.5937	1.7449	2.0071	2.4806	3.4709	6.5115
18	1.5513	1.495	1.482	1.5128	1.5946	1.746	2.0083	2.4822	3.4732	6.5156
19	1.5513	1.4952	1.4825	1.5134	1.5954	1.7469	2.0094	2.4836	3.4752	6.5194
20	1.5513	1.4955	1.4829	1.514	1.596	1.7477	2.0105	2.4849	3.477	6.5227

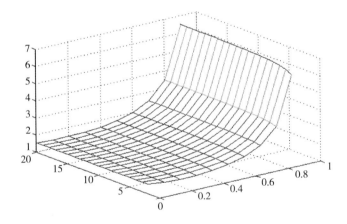

图4.3.2 管理浮动汇率制度、不同经济发展水平与资本
账户开放速度下福利损失情况

表4.3.2与图4.3.2展示了管理浮动汇率制度下不同经济发展水平与资本账户开放速度下福利损失情况。从纵向看，表4.3.2与图4.3.2中z^*轴展示了一定资本账户开放速度与不同经济发展水平下的福利损失情况。从中不难看出，随着经济发展水平从20变化到2的过程中，福利损失不断地下降，且在资本账户开放速度较慢时，福利损失的下降更为明显。以ρ_t的自回归系数$a = 0.3$，在经济发展水平从20下降到2的过程中，福利损失由1.51下降到1.42，下降了0.09；而$a = 0.8$时，

福利损失在这一过程中从 3.47 下降到 3.18，下降了 0.29。由此可以得到与前文相同的结论：在资本账户开放过程中，本国的经济发展水平提高会有助于本国福利的提高，且在资本账户开放速度较慢时，本国福利会有显著地提高，这表明经济发展水平在资本账户开放速度较慢时，对福利的影响较大。从横向看，表 4.3.2 与图 4.3.2 中的 a 轴展示了在一定经济发展水平不同资本账户开放速度下福利损失情况。不难发现，随着资本账户开放速度的提高，福利损失下降，且在资本账户开放速度较慢阶段，福利损失会有更显著地降低。以经济发展水平 z^* 取 8 为例，在资本账户开放速度从 0.9 变化到 0.8 时，福利损失从 6.43 下降到 3.43，下降幅度将近 1 倍；而资本账户开放速度从 0.4 变化到 0.3 时，福利损失从 1.58 下降到 1.50，只下降了 0.08。同时，不难发现资本账户一蹴而就地开放（$a=0$）并不对应福利损失最小的情况，当资本账户以 0.2 的速度开放时，福利损失最小。由此可以得到与前文相同的结论：资本账户的开放速度同样影响着本国的福利损失，适当的开放速度福利损失会有显著地降低。

（三）两种汇率制度下福利损失比较

比较表 4.3.1 与表 4.3.2，不难发现，在相同的经济发展水平与相同的资本账户开放速度下，浮动汇率制度下的福利损失要小于管理浮动制度下的福利损失。由此可以得到结论：一国在资本账户开放过程中适当地增加汇率的弹性，会有助于本国福利的提高。这是可以理解的，从前文中数值模拟可以看出，与浮动汇率制度相比在管理浮动汇率制度下，汇率抵御外部冲击的能力变弱，通货膨胀率波动随经济发展水平上升有上升的趋势，因此，浮动汇率制度有助于本国福利的提高。

第四节　本章小结

随着全球化的不断深入，越来越多的国家将会面临着资本账户开放。那么，资本账户开放与本国经济发展水平之间具有什么关系，如何与汇率制度改革搭配进行，是很值得探讨的问题。本文拓展开放经济下的新凯恩斯模型，通过量化资本账户开放速度、经济发展水平与汇率制度，探讨了资本账户开放、经济发展水平与汇率制度之间的匹配。得到如下结论：（1）在资本账户开放过程中，本国的经济发展水平提高会有助于本国福利的提高，且在资本账户开放速度较慢时，本国福利会有显著地提高；（2）资本账户的开放速度影响本国的福利损失，适当的开放速度福利损失会有显著地降低；（3）一国在资本账户开放过程中适当地增加汇率的弹性，会有助于本国福利的提高。

2014 年 5 月 12 日，国务院出台了《关于进一步促进资本市场健康发展的若干意见》。该意见中增加合格境外机构投资者（QFII）投资额度，进一步扩大了人民币合格境外机构投资者（RQFII）试点范围。2014 年 11 月 17 日，经国务院批准，沪港通交易试点正式启动，有利于推动资本项目可兑换。由此可见，我国正逐步放开资本市场。而目前的现实是，我国的经济发展水平相对于欧美等发达经济体还不高，且汇率还处于相对固定的阶段，从本章结论我们得到以下启示：

首先，在资本账户开放过程中，不断提高经济发展水平，这有助于本国福利的提高。因此我们应遵从此规律，在推进资本账户开放的过程中，抓住一切机遇，不断地促进我国经济的发展，提高我国经济发展水平，从而提高全民的福利。

其次，我国的资本账户开放要循序渐进地进行，过慢或过快的开放速度都会造成较大的福利损失，相关决策部门应精准地把握资本账户的开放速度，结合我国国情，不宜太快也不宜太慢，适时地推进资本账户的开放进程。

最后，我国的资本账户开放过程应与汇率制度的改革共同推进。本章结论表明如果资本账户开放过程中汇率弹性增加会有助于本国福利的提高。因此，我们可以把两项改革结合起来，在适度地推进资本账户的开放过程中同时推进汇率的市场化改革，增加人民币汇率的弹性，从而提高全民的福利。

Chapter Five

资本账户开放与　第五章
金融体系改革①

① 相关研究成果已发表在《财经科学》。

作为 2016—2020 年的发展纲要，2015 年 11 月公布的"十三五"规划对我国的各个方面的发展提出了总体要求。其中在对金融体系改革中尤其提到"推进汇率和利率市场化，提高金融机构管理水平和服务质量，降低企业融资成本"与"扩大金融业双向开放，有序实现人民币资本项目可兑换，推动人民币加入特别提款权，成为可兑换、可自由使用货币"。这又一次把金融机构与资本账户的改革提上了日程，并为其指明了方向。随着我国对外开放的不断深入，我国经济不断融入到世界经济的全球化中，资本账户管制处于越来越无力的境地；同时人民币国际化的不断推进也迫切要求资本账户的开放，因此，我国需要资本账户的开放。同时，随着多元化经济的不断发展，我国金融体系服务实体经济的能力还有待提高，经济的不断发展要求金融体系适应新的形势，特别是解决小微型企业的融资难与融资贵等问题，因此我国金融体系迫切地需要改革。那么，两项改革如何搭配进行呢？这是一个迫切需要解决的问题。该问题的回答不但可以丰富资本账户开放选择理论，而且可以有效地指导我国改革的实践，因此具有重要意义。本章首先回顾资本账户开放与金融体系改革次序的研究成果，然后构建理论框架，进行数值模拟与福利分析，得到资本账户开放与金融体系改革的最优匹配。

第一节 资本账户与金融改革的文献回顾和述评

资本账户开放有助于一国金融深化的研究代表性的有：Klein 和 Olivei（2000）利用 1986—1995 年 82 个发达国家与发展中国家的数据，用资本账户开放指标对金融深化指标回归，发现资本账户开放有助于一国金融深化。但对不同的子样本进行回归，其结论有一定的差异，包含 OECD 国家的样本显示资本账户开放有助于金融深化的发展；不包含 OECD 国家的样本显示资本账户开放对金融深化影响不显著。Arteta，

Eichengreen 与 Wyplosz（2001b）认为一国资本账户开放促进了该国的经济增长，但对该国金融发展的影响则不显著。Karacadag 等（2003）研究表明一国资本账户开放促进了该国国内的机构与市场改革，从而促进了该国的金融发展与经济增长。由此可见，学者普遍得到资本账户开放有助于一国金融深化的结论。那么，一国的资本账户的开放与金融体系的改革是否有先后次序的问题？

关于资本账户开放前提条件的探讨主要包括：早期关于资本账户开放前提条件的探讨：Benu（2001）指出一国资本账户开放通常会引发各种风险，因此，资本账户开放的收益与开放前该国的某些经济状况和开放的次序有关。Williamson（1993）分别给出了资本流入与流出的前提条件，其中，资本内流的条件包括国内的结构性调整、非传统的出口产业发展、经常账户的纪律；资本外流的条件包括在投资者看来永久的政策制度、政府有效的需求管理与对侵蚀税基行为的有效限制。Johnston（1998）提出，为了使资本账户开放的利益实现最大化而风险控制在最小，一国的资本账户开放过程应进行排序。Survey（1998）提出当一国在资本账户开放前一系列前提条件不具备，资本账户的开放将会给该国带来巨大风险，列举了资本账户开放的前提条件，包括：宏观经济稳定、灵活的工资和价格、谨慎的财政政策、灵活的利率政策、金融风险的安全网等多项内容。Hason（1995）在 Mathieson 与 Rogas - Suarez（1993）列举的条件基础上，加入了本国银行有健全的资产组合，并且对国内金融自由化程度提出了要求。Quirk 与 Evans（1995）基于一些国家资本账户开放的实践经验总结了资本账户开放应具备的前提条件包括：健全的宏观经济调控体系、完善的国内金融体系、充足的外汇储备、具有活力和灵敏反应能力的企业以及准确及时全面的信息披露等。Edwards（2001）研究指出一国资本账户开放，资本可以自由流动是可以促进该国经济增长，但是只有该国已经建立了比较完备的金融体系，资本账户的开放才是有益的；如果该国的金融发展水平较低，资本账户开放的影响将是负面的。IMF（2005）全面地归纳了一国资本账户开放的前提条件：健全的宏观经济政策框架，特别是货币和财政政策与汇率制度的相容性；强有力的国内金融制度，包括监督和谨慎性管制，涵盖了资本的充足性、贷款标准、资产评估、有效的贷款收回机制、透明性、信息公开和会计标准以及确保资不抵债时抵债资产能够迅速得到处理；独立的中央银行。纵观这些研究成果，不难发现，多位学者均强调了金融体系的完备性是资本账户顺利开放的保障。

　　主张资本账户开放没有先后顺序的代表性研究有：Quirk（1994）分析一些发展中国家资本账户开放的事实后，提出资本账户的开放不存在先后次序的问题，一国的资本管制可以迅速撤销，同时推进国内利率、汇率、货币与信贷市场的改革。前 IMF 货币与外汇部主任 Guitian（1997）也持相同的观点，认为所谓资本账户开放必须满足的前提条件，可能永远得不到满足，这将错失资本账户开放的时机，因此，资本账户开放不应设定所谓的前提条件。如果外部条件稳定且国内政策健全，一国可以同时推进经常账户的开放与资本账户的开放。

　　具体给出资本账户开放过程中安排的代表性研究有：Edwards 在1990 年对资本账户开放的顺序强调时指出"关于排序的第一个，或许是唯一一个普遍同意的原则为，取消对国际资本的管制，应当在国内金融市场改革和国内利率提高以后，而利率自由化又必须在财政赤字得到控制之后"。Ishii 与 Habermeier（2002）提出资本账户开放的具体顺序为：先对长期资本流动开放，尤其是外国直接投资，然后对短期资本流动开放，对短期资本流动开放的过程中必须加强谨慎性管制。开放的方式一般是渐进的，开放过程不一定按次序进行，应根据形式不断调整。Edwards（2002）总结了多数学者关于资本账户开放次序的安排：首先财政上不存在重大失衡，达到宏观经济稳定，先开放经常账户后，再开放资本账户，其次建立一个有效的现代银行监管框架来进行金融改革，最后在改革过程中，尽早放松劳动市场管制。

同时还有资本账户开放应与一国其他改革相配套的研究，如 Johnston（1997）认为资本账户的开放应纳入一揽子综合改革的框架内，因此，资本账户开放应纳入一国结构性改革和宏观经济政策的设计中。Nsouli 与 Rached（1998）也表达了相同的思想，提出要考虑各项结构性改革与宏观经济政策的协调，等等。

关于金融市场改革与资本账户开放顺序探讨的代表性研究主要有：Bhattacharya 与 linn（1988）提出一国资本账户开放的顺序为：首先进行实体部门的改革，其次进行金融部门改革，最后进行资本账户开放。Cerny（1993）特别强调资本账户开放的国家必须先完善本国的金融系统，因此应先进行国内的金融体系改革。Wihlborg 与 Dezsery（1997）特别强调资本账户开放前的金融市场状况，认为如果一国金融市场的参与者能够基于基本经济因素对资产预期的收益和风险做出理性的反应，那么就可以开放该国的资本账户。芬兰、法国、韩国、新加坡、泰国、英国和欧盟国家官员组成的一个研究小组发表了一项研究报告（2001）指出资本账户的开放不一定总是按照有条理、及时和排序良好的方式进行，如芬兰和泰国的资本账户开放时，国内金融市场并不完善，韩国的金融市场先于资本账户的开放，但也遭受了危机侵袭。因此，金融市场改革先于资本账户开放的次序并不是改革成败的关键，重要的是国内进行充分的结构性改革。近年来，该问题代表性的实证研究有，Chinn 与 Ito（2006）通过实证分析表明金融发展并不是资本账户开放的前提条件；Kein（2008）与 Eichengreen（2011）发现发达国家资本账户开放促进了本国金融深化，而发展中国家由于金融体系不健全则表现不明显，表明一国的金融发展水平只有达到一定的门限值才能从资本账户开放中获利；Aoki et al（2010）等人的研究表明，在资本账户开放进程中，跨境资本流入或资本流出规模依赖于国内金融发展水平。国内关于资本账户开放与金融发展的研究主要是梳理归纳国外现有的研究成果，代表性研究成果有张志超（2003）、计国忠（2004）与陈志刚（2005）等。

　　由以上各位学者的观点可以看出，资本账户开放应遵从一定的顺序，但绝不拘泥于规定的顺序。各个国家可以根据各自的国内具体国情与世界整体的宏观环境，审时度势地进行资本账户开放，这为各个国家的操作留出了空间，但同时也提出了挑战。同时，现有研究成果的结论大多是建立在对一国的实践经验或是计量的回归。样本国家的实践经验固然重要，但其受到国内国外大环境等诸多前提条件的影响；而对多国的计量回归其考虑的回归变量必然有限。因此，资本账户开放与金融发展的定量模型分析相对匮乏。

　　随着我国对外开放的不断深入，我国的经济不断地融入到世界经济的全球化中，资本账户的管制处于越来越无力的境地；而且人民币国际化的不断推进也迫切要求资本账户的开放，因此，我国需要资本账户的开放。同时，随着多元化经济的不断发展，我国金融体系服务实体经济的能力还有待提高，经济的不断发展要求金融体系适应新的形势，特别是解决小微型企业的融资难与融资贵等问题，因此我国金融体系迫切地需要改革。那么，两项改革如何搭配进行呢？接下来，我们将构建理论模型，探讨资本账户开放与金融体系改革的最优匹配。

第二节　新凯恩斯模型中资本账户开放与金融体系改革的引入

　　下面，我们在第二章中新凯恩斯基本框架下，引入资本账户开放与金融体系改革要素，形成新的理论框架。接下来的第三节与第四节将在此新的理论框架的基础上进行数值模拟与福利分析，分析资本账户开放与金融体系改革的最优匹配。

（一）企业部门

企业的生产函数为

$$Y_t(j) = A_t K_t^\gamma(j) N_t^{1-\gamma}(j) \tag{5.2.1}$$

其中，A_t 为劳动生产率，$K(j)$ 为资本投入，γ 为资本的弹性。当本国资本自由流动，资本价格为本国利率 $1 + i_t$，由资本利用最优条件，产出又可表示为

$$Y_t(j) = \frac{\gamma^{\frac{\gamma}{1-\gamma}} A_t^{\frac{1}{1-\gamma}}}{(1 + i_t)^{\frac{\gamma}{1-\gamma}}} N_t(j) \tag{5.2.2}$$

当本国的金融发展水平落后，各种法规与制度不完善或未建立，导致逆向选择与道德风险横行，会推高企业融资成本；随着本国金融发展水平的提高，逆向选择与道德风险降低，企业融资成本必然降低。因此，我们在 $1 + i_t$ 的前面乘以系数 $1 + \tau_t$，τ_t 的大小反映本国金融发展水平，越大表示本国金融发展水平较低；反之则较高。本国的金融发展进程可以用一个一阶自回归过程描述，$\tau_t = bt_{t-1} + u$，其中，b 为自回归的系数，$0 < b < 1$，可理解为本国金融发展速度，越大表明本国金融发展速度较慢；反之则为较快。

于是，企业生产的实际边际成本为

$$mc_t = w_t - p_{H,t} - \frac{1}{1-\gamma} a_t + \frac{\gamma}{1-\gamma}(i_t + \tau_t) \tag{5.2.3}$$

因此，企业的实际边际成本与本国的利率和金融发展水平有关。

由于本国存在一定的资本管制，外部资金要想进入本国必然产生一定的成本，于是，利率平价条件可表示为

$$i_t = i_t^* + e_{t+1} - e_t + \rho_t \tag{5.2.4}$$

i_t^* 为外国利率水平，不失一般性可设为 0。ρ_t 即为单位外部资金绕过资本管制所产生的成本，也可以理解为本国（资本账户存在管制）与外国之间的利差，本国资本账户渐进开放过程即表现为 ρ_t 逐渐减小的过

程。ρ_t 可设定为一个一阶自回归过程，$\rho_t = a\rho_{t-1} + u$，a 为自回归的系数，$0 < a < 1$，u 为一白噪声过程。a 的大小反映资本账户开放的速度，越大表示资本账户的开放速度越缓慢；反之则较快。

y_t 对稳态偏离的动态方程为

$$\tilde{y}_t = \tilde{y}_{t+1} + \frac{z}{\sigma}(1-\alpha)\pi_{H,t+1} - \left[z^*\eta + \frac{z}{\sigma}(1-\alpha)\right]\Delta e_{t+1}$$

$$+ \frac{z}{\sigma}\delta - \frac{z}{\sigma}\rho_t + (y_{t+1}^n - y_t^n) \tag{5.2.5}$$

其中，$\tilde{y}_t = y_t - y_t^n$、$y_t^n$、$y_{t+1}^n$ 分别为 t 期与 $t+1$ 期的自然产出水平，由经济体外生条件决定。

（二）通货膨胀率动态方程

边际成本的表达式为

$$mc_t = w_t - p_t + p_t - p_{H,t} - \frac{1}{1-\gamma}a_t + \frac{\gamma}{1-\gamma}(i_t + \tau_t)$$

$$= \left(\frac{\sigma}{z} + \varphi\right)y_t - \sigma\frac{z^*}{z}\eta e_t + \alpha s_t - (1+\varphi)\frac{1}{1-\gamma}a_t$$

$$+ (1+\varphi)\frac{\gamma}{1-\gamma}(i_t + \tau_t) \tag{5.2.6}$$

通货膨胀率的动态方程为

$$(1 + \lambda\alpha)\pi_{H,t} = \beta\pi_{H,t+1} + \lambda\left(\frac{\sigma}{z} + \varphi\right)\tilde{y}_t - \lambda\left(\sigma\frac{z^*}{z}\eta - \varphi\right)\Delta e_t$$

$$+ \lambda(1+\phi)\frac{\gamma}{1-\gamma}(\Delta i_t + \Delta\tau_t) \tag{5.2.7}$$

其中，$\Delta i_t = \Delta e_{t+1} - \Delta e_t + \frac{a-1}{a}\rho_t$，$\Delta\tau_t = \frac{b-1}{b}\tau_t$。

（三）货币市场动态方程

本国采用的利率规则为

$$i_t = \gamma + \phi_\pi \pi_{H,t} + \phi_y \tilde{y}_t + \phi_e \Delta e_{t+1} + \nu_t \qquad (5.2.8)$$

其中，截距项 γ 是为了保证一个零通胀的稳态，ϕ_π、ϕ_y、ϕ_e 为非负的系数，ϕ_e 表示货币当局对汇率变动的干预程度，越大相当于固定汇率制度，表示货币当局对外汇市场的干预越强；反之则为相对浮动的汇率制度，当为零时，对应完全浮动的汇率制度。ν_t 为 t 期的外生扰动，是一均值为零的白噪声序列。

由利率平价条件，货币市场动态方程为

$$\gamma + \phi_\pi \pi_{H,t} + \phi_y \tilde{y}_t + \phi_e \Delta e_{t+1} + \nu_t = i_t^* + \Delta e_{t+1} + \rho_t \qquad (5.2.9)$$

以上，产出波动、通货膨胀率与货币市场动态方程构成新的动态系统。如果本国资本账户开放状态不变且金融体系不进行改革，即外生冲击不存在，内生变量产出波动、通货膨胀率与汇率变动均为零；当本国进行两项改革时，产出波动、通货膨胀率与汇率变动将会发生变化，而且不同的资本账户开放速度与不同的金融体系改革速度下，产出波动、通货膨胀率与汇率变动将呈现出不同的变化，同时汇率制度的不同也会对变化产生影响。接下来，我们在此框架基础上进行数值模拟与福利分析。

第三节　不同资本账户开放速度与
金融发展速度下的脉冲响应

下面，我们分别探讨不同资本账户开放速度与不同金融发展速度下产出、通货膨胀率与汇率的变动情况。在研究资本账户开放速度影响时，假定金融发展保持在某一水平；在研究金融发展速度的影响时，假定资本账户是开放的。同时，为了考虑汇率制度对两项改革的影响，我们分别探讨浮动汇率制度与相对固定汇率制度，即汇率变动系数 Φ_e 分别取 0 与 2 两种情况。

（一）不同资本账户开放速度下的脉冲响应

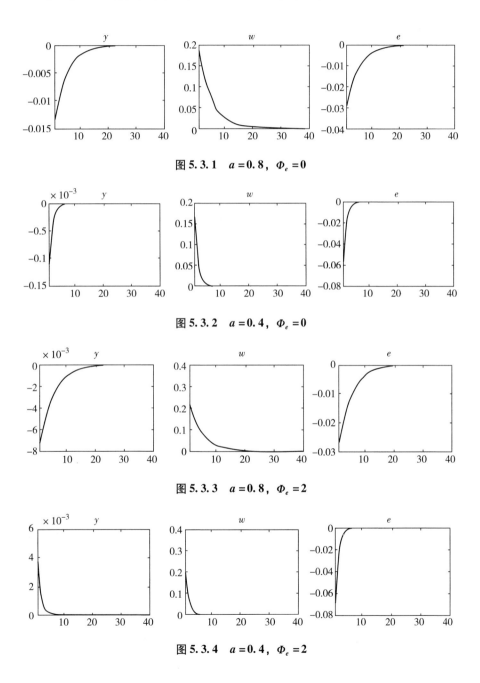

图 5.3.1　$a = 0.8$，$\Phi_e = 0$

图 5.3.2　$a = 0.4$，$\Phi_e = 0$

图 5.3.3　$a = 0.8$，$\Phi_e = 2$

图 5.3.4　$a = 0.4$，$\Phi_e = 2$

图 5.3.1 与图 5.3.2 展示了浮动汇率制度下，在外生冲击为 0.1 且资本账户开放速度分别为 0.8 与 0.4 时产出、通货膨胀率与汇率的变动情况。通过比较不难看出，产出波动从资本账户开放速度较慢取 0.8 时的 0.013 下降到资本账户开放速度较快取 0.4 时的 0.0011，下降了近 10 倍；通货膨胀率的波动在这一过程中从 0.19 下降到 0.16；汇率波动在这一过程中从 0.03 上升到 0.07。因此，浮动汇率制度下，产出与通货膨胀率的变动随着资本账户开放速度的加快而降低，同时本国汇率的波动会加剧。这是因为：资本账户管制降低，外部资金流入，本国汇率升值，资本管制的降低引起本国利率下降，实际利率不变的情况下，通货膨胀率降低，而汇率升值导致通货膨胀率上升，当汇率的影响大于资本账户管制降低的影响，通货膨胀率上升，汇率升值造成产出下降，通货膨胀率上升造成产出上升，当汇率升值影响大于通货膨胀影响，产出下降。当资本账户开放的速度加快，本国汇率的升值更为明显，利率的下降不但包含资本管制降低的因素，而且还包括汇率变动的因素，因此，利率下降将更为明显，通货膨胀率相对于资本账户低速开放的情况降低；产出在通货膨胀与汇率升值的合成影响下，波动可能降低。

图 5.3.3 与图 5.3.4 展示了相对固定汇率制度下，在 0.1 的外生冲击且资本账户开放速度分别为 0.8 与 0.4 时产出、通货膨胀率与汇率的变动情况。通过比较不难看出，产出从资本账户开放速度较慢取 0.8 时的 0.007 下降到资本账户开放速度较快取 0.4 时的 0.0035；通货膨胀率的波动在这一过程中从 0.22 下降到 0.20；汇率波动在这一过程中从 0.028 上升到 0.068。其原理与浮动汇率制度下的情况基本一致，只是在相对固定的汇率制度下，由于政府对汇率的干预，汇率的波动出现小幅降低。因此，相对固定汇率制度下，产出与通货膨胀率的变动随着资本账户开放速度的加快而降低，而同时本国汇率的波动会加剧。

由此可见，无论在浮动汇率制度下还是相对固定汇率制度下，产出、通货膨胀率与汇率的波动遵从相同的规律，即随着资本账户开放速度的提高，产出与通货膨胀率的波动降低而汇率的波动加剧。那么相同的资本账户开放速度不同汇率制度下，产出、通货膨胀率与汇率的波动又如何变化呢？图 5.3.1 与图 5.3.3 展示了不同汇率制度下资本账户开放速度取 0.8 时产出、通货膨胀率与汇率的变动情况。通过比较不难发现，与浮动汇率制度下的情况相比较，在相对固定汇率制度下，产出波动降低，通货膨胀率的波动上升，汇率的波动有稍微地下降。而在资本账户开放速度较快取 0.4 时，比较图 5.3.2 与图 5.3.4 发现，产出的波动上升，通货膨胀率的波动上升，汇率的波动稍有下降。同样可以看到政府对汇率干预的作用。那么为什么汇率的波动降低，通货膨胀率的波动却上升呢？前文中提到，资本管制降低，本国利率下降，利差中不但含有管制降低因素，而且含有汇率变动的变动，管理浮动汇率制度下，汇率的波动降低，致使汇率变动下降，对通货膨胀率的影响变弱，因此，相同的外生冲击下，汇率变动降低，通货膨胀率可能上升。

（二）不同金融发展速度下的脉冲响应

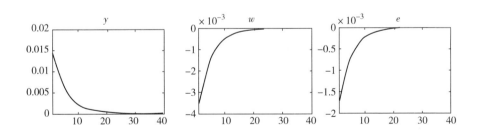

图 5.3.5　$a = 0.8$，$\Phi_e = 0$

　　图 5.3.5 与图 5.3.6 展示了浮动汇率制度下，在外生冲击为 0.1 且金融发展速度分别为 0.8 与 0.4 时产出、通货膨胀率与汇率的变动情况。通过比较不难看出，产出波动从金融发展速度较慢取 0.8 时的 0.016 上升到金融发展速度较慢取 0.4 时的 0.047，上升了近 3 倍；通货膨胀率的波动在这一过程中从 0.0017 上升到 0.015；汇率波动在这一

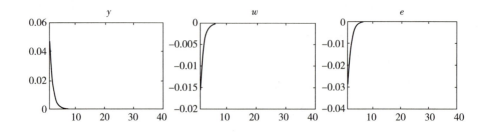

图 5.3.6　$a=0.4$，$\Phi_e=0$

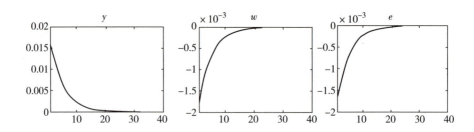

图 5.3.7　$a=0.8$，$\Phi_e=2$

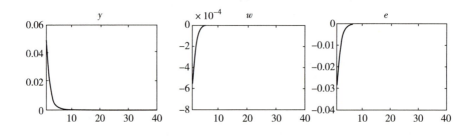

图 5.3.8　$a=0.8$，$\Phi_e=2$

过程中从 0.0017 上升到 0.028。因此，浮动汇率制度下，产出与通货膨胀率的变动随着金融发展速度的加快而上升，同时本国汇率的波动会加剧。这是因为：本国的金融发展水平提高，企业融资成本降低，实际生产成本降低导致通货膨胀率降低，本国通货膨胀率降低，实际利率上升，外部资金流入，汇率升值，金融发展水平提高得越快，企业融资成本降低得越多，通货膨胀下降得越大，汇率升值就越为明显，汇率升值造成产出下降，通货膨胀率上升造成产出上升，当汇率升值影响小于通货膨胀影响，产出波动上升。

图5.3.7与图5.3.8展示了固定汇率制度下，在外生冲击为0.1且金融发展速度分别为0.8与0.4时产出、通货膨胀率与汇率的变动情况。通过比较不难看出，产出波动从金融发展速度较慢取0.8时的0.016上升到金融发展速度较快取0.4时的0.047，上升了近3倍；通货膨胀率的波动在这一过程中从0.0017下降到0.00055；汇率波动在这一过程中从0.0016上升到0.027。因此，相对固定汇率制度下，产出的变动随着金融发展速度的加快而上升，通货膨胀率波动随金融发展速度的上升而下降，同时本国汇率的波动会加剧。这是因为：如前文所述，金融发展水平提高得越多，本国通货膨胀率下降，汇率升值，在相对固定汇率制度下，政府对汇率的波动进行干预，间接抑制了通货膨胀的波动，因此在金融发展提高的情况下，通货膨胀率可能降低，而产出在通货膨胀率与汇率的共同作用下，波动上升。

由此可见，在浮动汇率制度与相对固定汇率制度下，产出、通货膨胀率与汇率的波动遵从的规律稍有差异，主要差别表现在不同汇率制度下通货膨胀变动的方向不同。那么相同的金融发展速度不同汇率制度下，产出、通货膨胀率与汇率的波动又如何变化呢？图5.3.5与图5.3.7展示了不同汇率制度下资本账户开放速度较慢取0.8时产出、通货膨胀率与汇率的波动情况。通过比较不难发现，与浮动汇率制度下的情况相比较，在相对固定汇率制度下，产出波动稍有上升，通货膨胀率的波动降低，汇率的波动稍有下降。而在资本账户开放速度较快取0.4时，比较图5.3.6与图5.3.8，得到同样的结果。这是因为：如前文中所述，相对固定汇率制度下，汇率的波动受到管制，间接抑制了通货膨胀的波动，而汇率与通货膨胀的合成效果造成产出的波动上升。

第四节　不同资本账户开放速度与金融发展速度下福利分析

上面利用数值模拟分析了资本账户开放与金融改革单独进行时，不同资本账户开放与金融发展速度和不同汇率制度下，产出、通货膨胀率与汇率的变动情况。下面利用福利分析法，展示不同资本账户开放速度与不同金融发展速度下的福利损失情况，从而得到此两项改革的最优匹配。在以下的分析中 ρ_t 的自回归系数 a 与 τ_t 的自回归系数 b 变化范围均为 $0.1\sim0.9$，以 0.1 为间距。依照上文，我们分两种汇率制度对福利进行分析，一种是浮动汇率制度，另一种是相对固定汇率制度。利用 Woodford（2003）的方法，计算得到代表性个体每一期福利损失函数为

$$L = (1 + \varphi)\,\mathrm{var}(\tilde{y}_t) + \frac{\varepsilon}{\lambda}\mathrm{var}(\pi_{H,t}) \tag{5.4.1}$$

（一）浮动汇率制度下的福利分析

表 5.4.1　　　　　　　　浮动汇率制度下的福利损失

b \ a	0.1	0.2	0.3	0.4	0.5	0.6	0.7	0.8	0.9
0.1	1.1157	1.1615	1.2335	1.3411	1.5027	1.7559	2.1891	3.0692	5.7313
0.2	1.0676	1.1134	1.1854	1.293	1.4546	1.7077	2.141	3.0211	5.6832
0.3	1.031	1.0768	1.1488	1.2564	1.418	1.6711	2.1044	2.9845	5.6466
0.4	1.0028	1.0486	1.1206	1.2282	1.3898	1.643	2.0762	2.9563	5.6184
0.5	0.9809	1.0267	1.0987	1.2063	1.3679	1.621	2.0543	2.9344	5.5965
0.6	0.9638	1.0095	1.0815	1.1891	1.3507	1.6039	2.0371	2.9172	5.5793
0.7	0.9502	0.996	1.068	1.1756	1.3372	1.5903	2.0236	2.9037	5.5658
0.8	0.9395	0.9853	1.0572	1.1649	1.3265	1.5796	2.0129	2.8929	5.555
0.9	0.931	0.9768	1.0487	1.1563	1.318	1.5711	2.0043	2.8844	5.5465

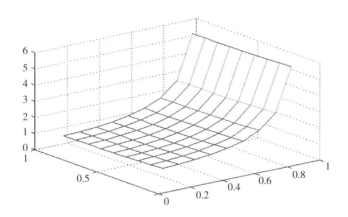

图 5.4.1　浮动汇率制度下的福利损失

　　表 5.4.1 与图 5.4.1 展示了浮动汇率制度下，不同资本账户开放速度与金融发展速度搭配下的福利损失情况。从横向看，表 5.4.1 与图 5.4.1 展示的是一定金融发展速度不同资本账户开放速度下的福利损失情况，从福利损失的数据不难看出，随着资本账户开放速度的上升，福利损失下降，且在资本账户开放速度加快的初始阶段，福利损失会有显著地下降，但在不同的金融发展速度下，福利的损失相差不大。以金融发展速度取 0.4 为例，在资本账户开放速度从 0.9 下降到 0.8 时，福利损失从 5.62 下降到 2.96，下降了 2.62；而资本账户开放速度从 0.2 下降到 0.1 时，福利损失从 1.05 下降到 1.00，只降低了 0.05；同时，在不同的金融发展速度以 0.4 与 0.9 为例，在资本账户开放速度较慢取 0.9 时的福利损失比资本账户开放速度较快取 0.1 时福利损失两者近似相等都为 4.62。

　　从纵向看，表 5.4.1 与图 5.4.1 展示了一定的资本账户开放速度不同金融发展速度下的福利损失情况。从福利的损失数据不难看出，随着金融发展速度的提高，福利损失上升，但在不同的资本账户开放速度下的福利损失的差值近似相等。以资本账户开放速度取 0.6 为例，在金融发展速度分别取 0.9 与 0.1 时，福利损失分别为 1.57 与 1.76，两者相差 0.19，在资本账户开放速度取 0.9 时，金融发展速度分别取 0.9 与 0.1 时，福利损失分别为 5.55 与 5.73，两者相差 0.18。

通过比较不难发现，福利损失的最小值出现在资本账户开放速度较快取 0.1 金融发展速度较慢取 0.9 组合下。这也就意味着资本账户较快开放，而国内金融发展缓慢进行可以实现本国的福利最优，也可以理解为，资本账户的开放先于本国的金融体系改革进行可以降低本国的福利损失。而福利损失的最大值出现在资本账户开放速度为 0.9 金融发展速度为 0.1 的组合下。这也就意味着资本账户较慢开放，而国内金融发展较快进行可能造成本国福利的较大损失，也可以理解为，本国的金融体系改革先于资本账户的开放进行可能提高本国的福利损失。

考虑到，在本模型中只考虑了资本账户开放与金融发展两种变动对福利的影响，现实中，两项改革进行的过程中还存在着各种冲击，还需考虑其他政策间的协调，从表 5.4.1 与图 5.4.1 可以看出，资本账户开放速度在 0.1~0.4 区间与金融发展速度取 0.1~0.9 区间，福利损失的值差别不大。因此可以得到结论：政策当局只要把握资本账户开放的速度不宜过慢即可，金融改革先于资本账户开放或后于资本账户开放影响均不大。

（二）相对固定汇率制度下的福利分析

表 5.4.2　　　　　　　　　相对固定汇率制度下的福利损失

a b	0.1	0.2	0.3	0.4	0.5	0.6	0.7	0.8	0.9
0.1	1.6517	1.6815	1.7472	1.861	2.0465	2.352	2.8924	4.0134	7.4452
0.2	1.6157	1.6455	1.7112	1.8251	2.0105	2.316	2.8565	3.9774	7.4092
0.3	1.5861	1.6159	1.6816	1.7955	1.9809	2.2864	2.8269	3.9478	7.3796
0.4	1.5618	1.5916	1.6574	1.7712	1.9566	2.2621	2.8026	3.9235	7.3554
0.5	1.5419	1.5718	1.6375	1.7513	1.9367	2.2423	2.7827	3.9037	7.3355
0.6	1.5258	1.5556	1.6214	1.7352	1.9206	2.2261	2.7666	3.8875	7.3194

b＼a	0.1	0.2	0.3	0.4	0.5	0.6	0.7	0.8	0.9
0.7	1.5127	1.5425	1.6083	1.7221	1.9075	2.2131	2.7535	3.8744	7.3063
0.8	1.5022	1.532	1.5977	1.7116	1.897	2.2025	2.743	3.8639	7.2957
0.9	1.4937	1.5235	1.5893	1.7031	1.8885	2.1941	2.7345	3.8554	7.2873

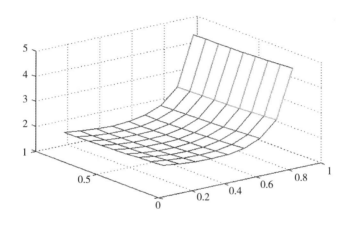

图 5.4.2　相对固定汇率制度下的福利损失

表 5.4.2 与图 5.4.2 展示了相对固定汇率制度下，不同资本账户开放速度与金融发展速度搭配下的福利损失情况。从横向看，表 5.4.2 与图 5.4.2 展示了一定金融发展速度不同资本账户开放速度下的福利损失情况，从福利损失的数据不难看出，随着资本账户开放速度的上升，福利损失下降，且在资本账户开放速度加快的初始阶段，福利损失会有显著地下降，但在不同的金融发展速度下，福利损失的差值相差不大。以金融发展速度取 0.4 为例，在资本账户开放速度从 0.9 下降到 0.8 时，福利损失从 7.36 下降到 3.92，下降了 3.44；而资本账户开放速度从 0.2 下降到 0.1 时，福利损失从 1.59 下降到 1.56，只降低了 0.03；同时，在不同的金融发展速度以 0.4 与 0.9 为例，在资本账户开放速度较慢取 0.9 时的福利损失与资本账户开放速度较快取 0.1 时福利损失差值

近似相等都为 5.79。

从纵向看，表 5.4.2 与图 5.4.2 展示了一定的资本账户开放速度不同金融发展速度下的福利损失情况。从福利损失数据不难看出，随着金融发展速度的提高，福利损失上升，但在不同的资本账户开放速度下福利的损失的差近似相等。以资本账户开放速度取 0.6 为例，在金融发展速度分别取 0.9 与 0.1 时，福利损失分别为 2.35 与 2.19，两者相差0.17，在资本账户开放速度取 0.9 时，金融发展速度分别取 0.9 与 0.1时，福利损失分别为 7.45 与 7.29，两者相差 0.16。

通过比较不难发现，福利损失的最小值出现在资本账户开放速度较快取 0.1 金融发展速度较慢取 0.9 组合下。这也就意味着资本账户较快开放，而国内金融发展缓慢进行可以实现本国的福利最优，也可以理解为，资本账户的开放先于本国的金融体系改革进行可以降低本国的福利损失。而福利损失的最大值出现在资本账户开放速度为 0.9 金融发展速度为 0.1 的组合下。这也就意味着资本账户较慢开放而国内金融发展较快进行可能造成本国福利的较大损失，也可以理解为，本国的金融体系改革先于资本账户的开放进行可能提高本国的福利损失。

考虑到，在本模型中只考虑了资本账户开放与金融发展两种变动对福利的影响，现实中，两项改革进行的过程中还存在着各种冲击，还需考虑其他政策间的协调，从表 5.4.2 与图 5.4.2 可以看出，资本账户开放速度在 0.1~0.4 区间与金融发展速度取 0.1~0.9 区间，福利损失的值差别不大。因此可以得到与前文中相同的结论：政策当局只要把握资本账户开放的速度不宜过慢即可，金融改革先于资本账户开放或后于资本账户开放影响均不大。

（三）两种汇率制度下福利损失比较

表 5.4.1 与表 5.4.2 和图 5.4.1 与图 5.4.2 分别展示了浮动汇率制

度与相对固定汇率制度下福利损失情况的比较，比较表5.4.1与表5.4.2和图5.4.1与图5.4.2不难发现，在相同的资本账户开放速度与金融发展速度下相对固定汇率制度下的福利损失要大于浮动汇率制度下的福利损失，尤其是在资本账户开放速度较慢的阶段。因此可以得到结论，一国在资本账户开放与金融体系改革的过程中应注意汇率制度的改革，相对浮动的汇率制度会有助于本国福利的提高。

第五节 本章小结

2015年11月中共中央国务院公布的"十三五"规划中明确提出我国将逐步实现资本账户开放并在国内推行金融体系改革，降低企业融资成本。那么两项改革如何搭配是一个迫切需要解决的问题。本章在开放条件下新凯恩斯理论模型的基础上引入反映资本账户开放与金融发展水平的变量，通过数值模拟与福利分析探讨了两种政策的最优搭配情况，主要得到以下结论：（1）一国可先进行资本账户的开放，再进行金融体系的改革，这样可实现本国的福利最优；由于在资本账户开放速度较快的情况下，金融体系改革速度对福利的影响较小，如果考虑到多项改革的存在，本国只要把握资本账户开放速度不宜太慢即可。（2）在资本账户开放与金融体系改革过程中进行汇率制度改革，提高汇率的弹性会有助于本国福利的提高。

前期的经济学者普遍得到先进行国内的金融改革之后再开放本国资本市场的结论，与本章得到的结论有些不同，本章通过福利分析表明资本账户开放先于金融体系改革会有助于本国福利的提高。存在差异的主要原因可能是前期的研究成果大多强调金融体系不健全就开放资本账户的危险之一是资本外逃；而在模型中只考虑了资本账户开放与金融体系改革两种外生冲击的影响，不涉及外汇市场，没有考虑资本外逃这一因素。但是，本章的模型表明如果先进行金融体系改革再开放资本账户会使本国福利大大下降。因此如果过分地夸大潜在的风险，势必会导致错误的判断，我国的经济体制改革已经到了关键时期，相应的制度调整也势在必行，希望本章对我国的资本账户开放与金融体系改革提供一定的参考。

Chapter Six

人民币均衡汇率与 波动区间测算①

第六章

① 相关研究成果已发表在《当代财经》《世界经济研究》，有一篇还处于投稿阶段。

　　自进入 21 世纪以来，人民币汇率问题一直是学界与政界讨论的热点问题。特别是随着中国经济的高速增长，对外出口的不断增加，人民币汇率成为外界关注的焦点，而这其中对于均衡汇率的争论显得尤为突出。国外学者普遍利用西方均衡汇率理论对人民币均衡汇率进行测算，也有些学者出于对中国经济高速增长的困惑，大多得出人民币存在严重低估的结论。这也一再引起以美国为首的西方国家对人民币汇率进行指责，甚至把中国定义为汇率操纵国，进而对中国施压。国内学者主要是借鉴西方的均衡汇率模型对人民币汇率问题进行了探讨，大多得到人民币汇率存在低估，但低估的程度不如西方学者所认为的那样严重的结论①。自 2005 年第三季度人民币进入升值轨道，从 1 美元兑 8.27 元人民币到 2014 年第三季度的 1 美元兑 6.13 元人民币，人民币升值幅度已达到 26%，那么人民币是否升值过度，下一步将何去何从，是一个很值得探讨的问题。该问题的探讨不仅关乎我国经济的长治久安，而且具有重要的战略意义。同时，中国作为世界的第二大经济体，人民币汇率处于合理区间对世界资源的有效配置也是大有裨益的。这正是本章的研究意义所在。

　　本章区别于前期研究之处主要有三点：一是利用汇率的货币分析法与巴拉萨—萨缪尔森效应理论相结合探讨均衡汇率。前期理论或实证研究主要是基于购买力平价研究均衡汇率，本章借鉴汇率的货币分析法，把汇率看作资产的价格。据不完全统计，随着全球化的不断深入，世界上货币交易量在不断增加，但以贸易为基础的不足 5%。虽然中国是贸易大国，但是随着资本账户的进一步开放，汇率将越来越体现资产的特性，因此该方法的引入具有较强的指导意义。二是本章探讨的是名义均衡汇率，而前期的研究多是探讨实际均衡汇率或有效汇率。实际汇率与有效汇率两者都是基于汇率作为国家间产品的竞争性提出的，

---

　　① 参见胡春田、陈智君（2009）、王义中（2009）、王维国、黄万阳（2005）等。

并且有效汇率的升值与贬值很难估测一国对另一国的汇率到底是应该升值还是贬值，实际应用意义较弱。本章所探讨的名义均衡汇率有些像货币危机中的影子汇率，投机性攻击的基础就是现实中汇率是否偏离影子汇率，一旦偏离就会发动攻击。同时，为了弥补单一名义均衡汇率的片面性，本章探讨了中国的三大贸易伙伴美国、欧盟与日本的货币对人民币的名义均衡汇率。三是本章测算出了名义均衡汇率适宜的波动区间，而不是如前期研究只计算均衡汇率的点。正如姜波克（2006）指出均衡汇率应该是均衡的区间，而不是点的均衡，从而名义均衡汇率的测算更加科学和有效。

第一节　人民币均衡汇率的测算

本节我们首先回顾均衡汇率的理论研究成果。然后利用货币分析法与巴拉萨—萨缪尔森效应构建测算名义均衡汇率的理论模型，计算人民币相对美元、欧元与日元的名义均衡汇率，并与现实中的人民币兑美元、欧元与日元的汇率比较，得到人民币汇率高估或低估的判断。

一、现有均衡汇率模型比较

均衡汇率的概念最早由 Nurkse（1945）提出，是指与经济体内外均衡相适应的汇率水平。所谓内部均衡是指低通货膨胀下的充分就业，外部均衡是指国际收支平衡。在此基础上，西方学者构建出研究均衡汇率的多种方法，其中被广泛应用的主要有基于购买力平价与巴拉萨—萨缪尔森效应拓展的购买力平价均衡汇率法（Enhanced PPP）、基于经济体行为的行为均衡汇率法（BEER）与基于经济基本面的基本因素均衡汇率法（FEER）。三种方法在理论上虽然都很完备，但在应用方面都存在着一定的局限性。下面分别论述之。

（一）拓展的购买力平价法

拓展的购买力平价均衡汇率法，是以购买力平价与巴拉萨—萨缪尔森理论为基础，对实际汇率进行测算。其基本原理为：依据购买力平价计算得到一国相对参照国（通常为美国）的汇率，然后此汇率与现实中的汇率做除法，再对该国单位资本产出进行回归，其表达式为

$$LnS = a + bLnY \qquad (6.1.1)$$

其中，a，b 为参数，S 为现实中该国相对参照国的汇率与依据购买力平价得到的汇率的比值，Y 为单位资本的产出。此式依据巴拉萨—萨缪尔森效应得到，更高的单位产出水平对应实际汇率升值。回归式 6.1.1，得到预测的实际汇率水平 S^*，然后与现实中的实际汇率水平作比较，得到该国汇率低估或高估值，如式（6.1.2）所示

$$UV = LnS^* - lnS \qquad (6.1.2)$$

S 为现实中的实际汇率水平，UV 为汇率低估的值。

应用拓展的购买力平价法的国外研究主要有：Barry（2004）首先应用此法对人民币汇率进行了估计，发现人民币低估了 40%，同时他还发现按照此法印度的汇率存在更严重的低估（当时印度汇率很少受到低估的诟病）；Coudert 与 Couharde（2005）也应用此法对人民币汇率进行了估计，得到人民币汇率低估 41% ~ 50%；Frankel（2006）应用此法估计人民币汇率在 2000 年低估了 36%，同时计算发现 1990 年人民币汇率就低估了 34%，而 1990—2000 年，中国的经常账户盈余在不断增长，而低估程度却没有改变，不禁使人产生对该方法的怀疑；Cheung et al（2007）采用 132 个样本国家数据进行了估计，得到人民币不存在低估的结论。国内应用此法研究人民币汇率问题的成果则相对较少。应用购买力平价变形的代表性研究是：许家杰（2010）得到人民币汇率 1994 年之后一直处于低估状态，2007 年后低估程度降低。

其实拓展的购买力平价法是存在本质缺陷的：其一，该方法的基础

购买力平价虽然是学者建立理论模型时一个经常的前提假设，但是，现实中它是否成立一直饱受争议，因为它受到诸如生活习惯与地区差异等多方面因素的影响；其二，正如 Cline 与 Williamson（2007）指出，该方法隐含假定了参照国（一般指美国）的汇率不存在高估或低估，现实中美国近年来积累了大量的贸易逆差，而新兴市场国家积累了大量的贸易顺差，现有的模型并没有考虑这种模式的可持续性，有悖于均衡汇率的定义。

（二）行为均衡汇率法（BEER）

BEER 方法是由 McDonald 于 1998 年提出的，核心是描述实际有效汇率的行为方程，通常的形式为

$$S = cZ_1 + dZ_2 + \varepsilon \qquad (6.1.3)$$

其中，S 表示实际有效汇率，Z_1、Z_2 分别表示影响汇率的长期因素与短期因素，ε 为随机扰动。长短期因素一般为国外净资产、贸易条件、开放度、政府支出与劳动生产率等。回归方程（6.1.3），得到均衡汇率方程中参数 c 与 d 的值，然后利用预期的解释变量 Z_1 与 Z_2 的值，代入方程（6.1.3），得到均衡汇率的值，再与现实中的汇率值相比较，判定汇率低估或高估。

国外应用此法的研究主要包括：Agnes et al（2006）对人民币汇率进行了估计，得到人民币相对美元低估 40% 的结论；Wang（2004）认为 2003 年人民币的低估程度只有 5%；Coudert 与 Couhart（2005）得到 2002 年人民币低估 18% 的结论；Funke 与 Rahn（2005）得到人民币 2002 年相对美元低估 11% 的结论；Mac Donald 与 Dias（2007）得到人民币相对美元的低估区间为 8% ~ 30%。国内代表性的研究主要有：王维国、黄万阳（2005）得出人民币汇率 2002 年高估 2.2%，2003 年低估 5.8% 的结论；施建淮、余海丰（2005）、马国轩、于润（2013）分不同时点对人民币汇率的错位进行了分析，得到低估程度不大的结论。

各位学者得到的结果之所以差别如此之大主要是其选择的解释变量与时间区间的差异造成的。由此我们也不难看出 BEER 方法存在的缺陷：首先，该法带有一定的主观性，解释变量的选取是主观决定的；其次，BEER 的前提假设是所选择样本区间的汇率处于均衡水平，如果估计的样本区间内汇率与理论上的均衡汇率差距较大，那么依据估计结果计算出来的低估或高估就是不准确的。

(三) 基本因素均衡汇率法 (FEER)

基本因素均衡汇率法是由 Williamson 于 1983 年提出，其基本出发点为均衡汇率是内外均衡的汇率：内部均衡是指国内处于低通货膨胀且充分就业的状态；外部均衡是指国家间可持续的合理的资本流动。由此可见，基本要素均衡汇率法与 Nurkse 提出的均衡汇率概念是最一致的。

$$ca = a + bS + cy + dy^*　　　　　(6.1.4)$$

其中，a，b，c，d 为参数，ca 为经常账户的值，S 为实际汇率。y 与 y^* 分别为本国与外国的产出。设定可持续的经常账户值，通常发达国家为负值，而发展中国家为正值，得到均衡汇率的表达式，结合本国其他部门的方程或等式，计算相应的参数，代入数据，即可得到均衡汇率的值，再与实际值比较，得到汇率高估或低估的程度。

国外这方面的研究主要有：Cline (2007) 认为中国相对美国的经常账户余额应该下降，中国的经常账户余额应该为 1.7%，得到人民币相对美元汇率应该升值 45% 的结论；Coudert 与 Couharde (2005) 估计了中国经常账户保持 1.5% 与 2.8% 赤字时的情况，得到人民币相对美元汇率低估了 44% 与 54% 的结论；Goldstein 与 Lardy (2007) 设定经常账户余额保持在 2% ~ 3.5%，得到人民币应该升值 30% ~ 60% 的结论。国内学者胡春田、陈智君 (2009) 应用此法得到人民币汇率升值过度的结论；王义中 (2009) 测算人民币实际有效汇率需升值 20% 左右。

应用同样方法得到不同的结论充分暴露了 FEER 测算均衡汇率的弊端，

即对一国经常账户余额的设定具有一定的主观性。这种主观性直接导致了对最终结果可靠性的怀疑。其实，一国经常账户余额是由该国一定时期的人口结构、经济发展阶段与其所处的外部环境所决定的。Cheung et al（2010）经过分析得到，中国巨额的经常账户余额不能由人民币汇率的值来解释。因此，由此得到的人民币汇率低估的结论就是不准确的。

从以上对三种方法的分析，我们可以看到三种方法都存在一定的不足之处，因此，由此得到的结论也就难以让人信服。理论上对于汇率研究主要有两个角度：一是从流量的角度，如国际收支导致对货币供给与需求，从而引起汇率的变化，产生了汇率的国际收支分析法等；二是从存量的角度，汇率是由货币供给存量所决定的，从而产生了汇率的货币分析法。经常账户均衡主要是从流量的角度来对汇率进行研究，而从存量货币的角度来分析人民币均衡汇率还未见于报道。同时注意到汇率是不同货币的比价，货币是一种资产，因此汇率也具有资产的属性。引入货币分析法分析人民币均衡汇率是可取的，这不但是因为货币分析法分析汇率取得的成功弥补了现有均衡汇率模型的不足，而且是因为货币分析法把汇率看作是资产的价格。随着我国资本账户的不断开放，境外资金流入与流出的规模将会不断加大，汇率将更体现为一种资产的价格。因此，我们选择货币分析法来计算均衡汇率。同时为了克服购买力平价条件的缺陷，我们把巴拉萨—萨缪尔森效应引入到货币分析法中。由于前期货币分析法的研究主要是针对实行浮动汇率制度的国家，因此我们测算的均衡汇率有些像货币危机中的影子汇率，它是否是发动投机性攻击的基础。这正是本章接下来所要研究的内容。

二、名义均衡汇率理论模型

下面，本节结合货币需求方程、利率平价条件、巴拉萨—萨缪尔森效应与购买力平价条件，构造名义均衡汇率的理论模型，用于后面名义均衡汇率的计算。

（一）货币市场均衡方程

首先，选定两个国家本国和外国，加 * 代表外国变量。每个国家发行本国货币和一种债券，假定货币不可替代，而债券可以完全替代。假定本国存在一定的资本管制，因此利率平价条件可以表示为

$$i_t = i_t^* + S_{t+1} - S_t + \rho_t \qquad (6.1.5)$$

其中，i_t、i_t^* 分别为本国和外国的利率，S_t、S_{t+1} 分别为 t 期与 $t+1$ 期汇率的对数，ρ_t 为因资本管制而导致的利差，也可以理解为单位外国资本绕过资本管制流入本国而产生的成本。

本国居民的名义财富限制为

$$W = M + B + B^* \qquad (6.1.6)$$

即本国居民财富 W 由本国货币供给 M、本国债券 B 与外国债券 B^* 构成。由于本国债券与外国债券可完全替代，B 与 B^* 可以看作是一种复合的资产。因此，资产市场由货币市场与复合债券市场共同构成。如果货币市场均衡，则债券市场必均衡；如果货币市场不均衡，债券市场也不均衡。我们主要集中研究货币市场即可。

本国与外国的货币市场存在货币需求与货币供给的关系。其中货币需求的方程为

$$m_t^D - p_t = \alpha_1 y_t - \beta_1 i_t$$
$$m_t^{D*} - p_t^* = \alpha_2 y_t^* - \beta_2 i_t^* \qquad (6.1.7)$$

m_t^D 为本国的货币需求的对数，p_t 为本国的价格水平的对数，y_t 为本国产出的对数，i_t 为本国利率，加 * 代表相应的外国变量。参数 α_1、α_2 为产出的货币需求弹性，β_1、β_2 为利率的半弹性，据实证检验 β_1、β_2 在 0.02 左右。很明显，此为 *Cagan* 型的货币需求方程，同样可以通过个体效用最大化的方法得到，只不过把产出 y 代换为消费 C。

货币供给 m_t^s 外生决定，货币市场保持均衡，因此有

$$m_t^D = m_t^S = m_t$$

$$m_t^{D*} = m_t^{S*} = m_t^* \qquad (6.1.8)$$

(二)巴拉萨—萨缪尔森效应

假定本国和外国都只生产两种产品，贸易品和非贸易品，两种产品的生产符合柯布—道格拉斯生产函数（为了计法方便，本部分为同期情况，我们把下标 t 忽略）

$$Y^T = A^T (L^T)^\gamma (K^T)^{1-\gamma}$$
$$Y^N = A^N (L^N)^\delta (K^N)^{1-\delta} \qquad (6.1.9)$$

其中，Y 为产出，A 为技术水平，L 为劳动投入，K 为资本投入，γ 与 δ 为劳动的弹性，上标加 T 表示贸易部门，加 N 表示非贸易部门。设定贸易品价格为 1，非贸易品相对贸易品的价格为 Z，则由厂商利润最大化得

$$W^T = \gamma A^T \left(\frac{K^T}{L^T}\right)^{1-\gamma} = \gamma \frac{Y^T}{L^T}$$

$$W^N = \delta Z A^N \left(\frac{K^N}{L^N}\right)^{1-\delta} = \delta Z \frac{Y^N}{L^N} \qquad (6.1.10)$$

假定本国与外国国内的生产要素可以自由流动，则有

$$W^T = W^N \qquad (6.1.11)$$

于是得到非贸易品相对贸易品的价格

$$Z = \frac{\gamma \dfrac{Y^T}{N^T}}{\delta \dfrac{Y^N}{N^N}} \qquad (6.1.12)$$

因此，Z 也可理解为劳动生产率的比。

总体价格水平是贸易品与非贸易品价格水平的加权平均

$$P = (P^T)^a (P^N)^{1-a} = P^T Z^{1-a} \qquad (6.1.13)$$

其中，P^T 为贸易品价格，P^N 为非贸易品价格。同样的外国价格水平为

$$P^* = (P^{T*})^b (P^{N*})^{1-b} = P^{T*} (Z^*)^{1-b} \qquad (6.1.14)$$

(三)均衡汇率的决定

通常贸易品遵从一价定律，于是有

$$S_t = \frac{P_t^{\,T}}{P_t^{\,T*}} \tag{6.1.15}$$

于是两国总价格水平的差可以表示为

$$p_t - p_t^* = LnP_t - LnP_t^* = s_t + (1-a)z_t - (1-b)z_t^* \tag{6.1.16}$$

于是，根据利率平价条件式（6.1.5）、货币市场均衡方程式（6.1.7）和式（6.1.8）与总价格水平差式（6.1.16），我们可以得到名义均衡汇率的表达式

$$s_t = \frac{\beta_2}{1+\beta_2}(s_{t+1} + \rho_t) + \frac{1}{1+\beta_2}[m_t - m_t^* - (\alpha_1 y_t - \alpha_2 y_t^*)]$$

$$-\frac{1}{1+\beta_2}[(1-a)z_t - (1-b)z_t^*] + \frac{\beta_1 - \beta_2}{1+\beta_2}i_t \tag{6.1.17}$$

式（6.1.17）中假定 $\beta_2 < \beta_1$。从等式的第一项可以看出，当期汇率与下一期的汇率正向相关，预期未来汇率升值或贬值会影响到当期汇率，充分反映了汇率作为资产价格的属性。由于实证检验中 β_2 的值在 0.02 左右，同时，黄益平、王勋（2010）曾经通过利率平价检验中国的资本账户开放程度，发现近些年利率平价在中国是近似地成立，因此 ρ_t 的值也相对较小，由此得到结论：表达式中的第一项在汇率决定中作用较小，在计算均衡汇率时可以把它忽略。第二项由本国与外国的货币供给的差和产出的差构成，反映了决定汇率的宏观经济基本面因素。本国货币供给量增加会导致本币贬值，减少则导致升值，这是符合直觉的。本国产出增加导致汇率升值而不是如流量分析法预测的贬值，这是因为本国产出增加，货币需求增加，而货币供给不变，价格水平下降，因此汇率升值。第三项为决定汇率的微观基础——相对劳动生产率的变动①。本国的相对劳动生产率上升导致本国货币升值，这是符合巴拉

---

① 第一个相对指两个国家之间的比较，第二个相对指贸易部门与非贸易部门的比较，参见卢锋（2006）。

萨—萨缪尔森效应的。第四项为本国利率对汇率的影响，利率上升导致汇率贬值。这一结论与流量分析法的结论是相悖的。流量分析法认为，本国利率上升，本币需求增加，本币升值。可是从存量的角度考虑结论却恰恰相反：本国利率增加，本国货币需求减少，货币供给量不变，本国价格水平上升，汇率贬值。下面利用此式计算人民币对美元、欧元与日元的名义均衡汇率并与现实中的名义汇率做比较，探讨汇率的偏离情况。

三、人民币名义均衡汇率测算

本部分首先对所用的数据进行说明；接着利用计量经济学软件计算中国、美国、欧元区与日本的货币市场方程，得到相应的参数；然后利用收集到的数据与得到的参数计算人民币对美元、欧元与日元的名义均衡汇率；最后利用各个变量的标准差计算名义均衡汇率适宜的波动区间。

（一）数据说明

实证研究表明，在高频数据的情况下汇率的行为近似为随机游走，而在低频季度数据的情况下，用货币分析法描述汇率行为更优。因此，我们的时间频率选为季度。我国自 1994 年已进行了汇率制度改革，从官方汇率与调剂汇率并存转变为盯住美元的有管理的浮动汇率制度。结合我国贸易与非贸易产业数据的可获得性，我们选取 1996 年第一季度到 2014 年第四季度的数据作为研究对象。由于各个国家或地区统计的差异与数据可获得性的限制，美国、欧元区、日本的数据区间有所缩减。货币供给量各国都取 M2。价格水平采用居民消费价格指数 CPI，数据处理过程为：利用居民消费价格指数的环比数据，以 1996 年为基期，得到同比数据。产出数据为各国的 GDP，欧元区为 28 个成员国的加总。关于利率数据，由于中国利率还没有市场化，存贷款利率不能反

映货币需求与供给的变化，因此我们选择 Chilbor7 天隔夜拆借利率；美
国通常选择 3 个月期的国债收益率为其利率的代表，我们也采用之；欧
元区选取欧元区货币市场季度利率数据；日本选取日本银行公布的短
期贷款利率。关于相对劳动生产率 Z 的计算需要各国贸易品与非贸易品
的产出和就业人数的统计，因此涉及贸易品与非贸易品的划分。卢锋
(2006) 指出贸易品与非贸易品的划分是相对的，大多数商品都具有一
定的贸易性与非贸易性，只是相对比重不同，通常制造业被认为最具有
贸易性，而服务业则最具有非贸易性。但是，我国可得的数据中没有单
独服务业的统计，对于产业的统计只区分第一产业、第二产业与第三产
业。其中，第一产业包括农、林、牧与渔业，第二产业包括采矿业、制
造业、电力燃气与水生产和供应业与建筑业，除去第一产业与第二产业
均为第三产业。美国、欧元区与日本都提供有制造业与服务业的数据。
考虑到比较的一致性，并且近几年我国建筑行业有着大量的劳务输出，
因此建筑业的可贸易性提高，而电力、燃气与水生产和供应在第二产业
中所占的比例有限，因此按照我国的产业划分，我们用第二产业表示生
产贸易品的产业，第三产业为生产非贸易品的产业。美国、欧元区、日
本的数据进行了相应的整合，以保证数据范围的一致性。我国的数据取
自国家统计局网站与中国人民银行，美国的数据取自国民经济分析局
BEA，欧洲的数据取自欧洲央行与欧洲统计局，日本的数据取自日本银
行与日本统计局。

(二) 货币市场方程回归

首先对各个国家或地区的广义货币供给量 M2，居民消费价格指数
CPI，国内生产总值 GDP，利率 i 进行季节调整，然后用各国或地区的
广义货币供给量 M2 除以相应国家或地区的 CPI 作为被解释变量，对
GDP 与利率 i 用 EVIEWS5.0 进行回归。为了避免虚假回归的出现，首
先对序列进行 ADF 检验，检验结果如下（见表 6.1.1）。

表 6.1.1　　　　　　　　　　**各变量平稳性检验**

序列变量	原序列 ADF 值	平稳性判断	一次差分 ADF 值	平稳性判断
C_ M2	−2.32	不平稳	−7.99	平稳
C_ gdp	0.416	不平稳	−2.71	平稳
C_ i	−4.05	平稳		
A_ M2	0.31	不平稳	−7.49	平稳
A_ gdp	−1.90	不平稳	−3.23	平稳
A_ i	−4.09	平稳		
O_ M2	0.13	不平稳	−6.03	平稳
O_ gdp	−2.32	不平稳	−5.94	平稳
O_ i	−3.63	平稳		
J_ M2	0.62	不平稳	−5.10	平稳
J_ gdp	−1.83	不平稳	−9.92	平稳
J_ i	2.32	平稳		

　　相应变量前的字母表示国家或地区，其中 C 表示中国，A 表示美国，O 表示欧元区，J 表示日本。从 ADF 检验不难看出，各个国家或地区价格修正后的 M2 与 GDP 均为一阶单整过程，而利率 i 为平稳序列。下面对价格修正的 M2 进行回归，如果回归结果的残差为平稳序列，则价格修正的 M2 与 GDP 之间存在协整关系，由此我们就可以得到变量之间的长期关系，从而得到各个国家或地区的参数 α 与 β。回归结果如下：

　　中国：$C\_M2 = -2.677 + 0.986 \times C\_GDP - 0.0385 \times C\_I$
　　　　　　　$(-23.19)\ (96.21)$　　　　　(-14.89)

　　美国：$A\_M2 = -2.759 + 0.667 \times A\_GDP - 0.0148 \times I\_A + 0.067 \times XN$
　　　　　　　$(-14.81)\ (34.05)$　　　　　(-6.69)　　　(6.83)

　　欧元区：$O\_M2 = -2.436 + 0.909 \times O\_GDP - 0.024 \times O\_I$
　　　　　　　　(-3.22)　　　(18.08)　　　(-4.14)

日本：$J\_M2 = 0.933 \times J\_GDP - 0.082 \times J\_I + 0.0057 \times @TREND$
　　　　　(826.98)　　　　(-5.21)　　　　(16.10)

　　　　　$+ 0.055 \times XN$

(5.41)

各国或地区回归式下面括号里的数字是相应的 t 统计量。各回归方程的修正 R 值均在 0.92 以上。在美国与日本回归式中加入虚拟变量 XN，用以反映 2008 年金融危机的影响。同时，在对日本的回归式中引入了趋势项，用以反映日本近年来量化宽松货币政策的影响。经检验，四式的残差均为平稳序列。因此所设方程稳定，代表了变量间的长期关系。下面，把以上四个回归式代入名义均衡汇率的表达式，计算中美、中欧与中日的名义均衡汇率。

（三）名义均衡汇率

首先，我们先计算名义均衡汇率决定式中的第三项，相对劳动生产率部分，即名义均衡汇率的微观基础部分。关于开放系数 a 与 b，我们参照相关文献的校准值取 0.4，代入各个国家或地区的数据，可以得到中国相对于美国、欧元区与日本的相对劳动生产率的变化情况，如图 6.1.1 所示。

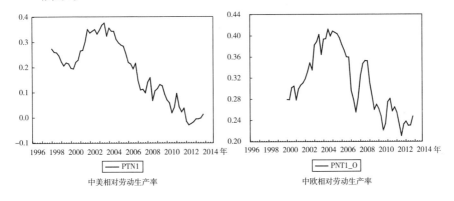

图 6.1.1　相对劳动生产率

中日相对劳动生产率

图 6.1.1 相对劳动生产率（续）

从中美、中欧与中日的相对劳动生产率的变化可以看出，中美、中欧与中日的相对劳动生产率在 2002 年至 2006 年处于高位水平，但是自 2006 年之后相对劳动生产率呈现下降趋势。依据巴拉萨—萨缪尔森效应理论，中国的相对劳动生产率下降，人民币实际汇率应该趋向于贬值，可是自 2006 年以来人民币的实际汇率一直处于升值的状态中，这是有悖于常理的。

依照式（6.1.17），计算名义均衡汇率的宏观经济基础，代入相对劳动生产率，以 2005 年第三季度为参考，得到中美、中欧与中日的名义均衡汇率。选择 2005 年第三季度为参考值是因为，自 2005 年 7 月，我国进行汇率制度改革，从参考美元为基础的有管理的浮动汇率制度转变为参考一篮子货币为基础的有管理的浮动汇率制度，汇率更加富有弹性，当时的汇率普遍认为处于较均衡的状态。得到的名义均衡汇率的结果如表 6.1.2 与图 6.1.2 所示。

1. 人民币对美元汇率比较

表 6.1.2　　　　　　中美名义均衡汇率与现实中汇率

时间	均衡值	现实值	时间	均衡值	现实值	时间	均衡值	现实值
1998Q1	8.656	8.279	2003Q3	7.759	8.277	2009Q1	8.502	6.836
1998Q2	8.134	8.279	2003Q4	8.384	8.277	2009Q2	8.560	6.830

续表

时间	均衡值	现实值	时间	均衡值	现实值	时间	均衡值	现实值
1998Q3	8.251	8.280	2004Q1	7.767	8.277	2009Q3	8.781	6.831
1998Q4	8.130	8.278	2004Q2	7.724	8.277	2009Q4	8.920	6.828
1999Q1	8.653	8.279	2004Q3	7.631	8.277	2010Q1	9.177	6.827
1999Q2	8.623	8.279	2004Q4	8.060	8.277	2010Q2	9.292	6.823
1999Q3	8.377	8.277	2005Q1	7.820	8.277	2010Q3	9.626	6.771
1999Q4	8.472	8.279	2005Q2	7.903	8.277	2010Q4	9.575	6.660
2000Q1	8.599	8.279	2005Q3	8.139	8.139	2011Q1	9.179	6.584
2000Q2	8.577	8.278	2005Q4	8.345	8.083	2011Q2	9.391	6.502
2000Q3	8.451	8.279	2006Q1	8.173	8.050	2011Q3	9.021	6.418
2000Q4	8.532	8.278	2006Q2	8.255	8.013	2011Q4	9.214	6.342
2001Q1	8.089	8.277	2006Q3	8.610	7.967	2012Q1	9.816	6.306
2001Q2	8.010	8.277	2006Q4	8.395	7.864	2012Q2	9.758	6.307
2001Q3	7.680	8.277	2007Q1	8.176	7.761	2012Q3	9.650	6.334
2001Q4	7.696	8.277	2007Q2	8.358	7.675	2012Q4	9.237	6.300
2002Q1	7.643	8.277	2007Q3	8.620	7.561	2013Q1	9.686	6.279
2002Q2	7.595	8.277	2007Q4	8.405	7.431	2013Q2	10.012	6.205
2002Q3	7.562	8.277	2008Q1	7.654	7.161	2013Q3	9.609	6.167
2002Q4	7.937	8.277	2008Q2	7.637	6.957	2013Q4	8.619	6.131
2003Q1	7.587	8.277	2008Q3	8.126	6.840			
2003Q2	7.7330	8.277	2008Q4	7.714	6.834			

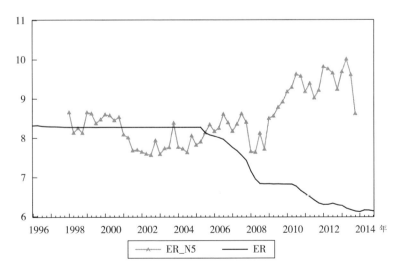

注：ER 代表现实中的名义汇率，ER 加后缀代表计算得到的名义均衡汇率。图 6.1.3 与图 6.1.4 相同。

图 6.1.2　中美名义均衡汇率与现实中名义汇率

表6.1.2与图6.1.2展示了利用货币分析法计算得到的人民币对美元名义均衡汇率与现实中的名义汇率。1998年第一季度至2000年第四季度，人民币相对美元汇率存在明显的高估。这是符合事实的，1997年亚洲金融危机爆发，亚洲经济遭受重创，亚洲各个国家纷纷贬值本国货币，而人民币为了维护币值的信誉，坚持不贬值政策，造成人民币汇率高估。由于人民币出现高估，当时出现了大量的资本外逃现象。自2001年第一季度至2005年第二季度末，人民币存在小幅的低估，低估程度平均达到9%。从中美相对劳动生产率可以看出，这一段时间中国的相对劳动生产率处于高位，相对劳动生产率的上升造成均衡汇率升值，这一时期也正是美国对中国不断施压的时期。自2005年，人民币名义汇率进入了升值轨道，而测算的名义均衡汇率却与之渐行渐远，2006年至2008年底名义汇率表现为小幅的高估，自2009年后，两者的差距越来越大，人民币对美元汇率已经出现了较严重的高估。从相对劳动生产率看，中国对美国的相对劳动生产率的优势已经减弱。同时，推动名义均衡汇率贬值的还有宏观基本面因素。2008年，美国次贷危机引发了全球性的金融危机，美国经济遭受重创，为了应对经济衰退，我国推出了大规模的经济刺激计划，货币政策由从紧转变为宽松。宏观与微观经济基础的变动导致了人民币对美元名义均衡汇率的贬值。

2. 人民币对欧元汇率比较

表6.1.3   中欧名义均衡汇率与现实中汇率

时间	均衡值	现实值	时间	均衡值	现实值	时间	均衡值	现实值
2000Q1	10.876	8.061	2004Q4	10.391	10.742	2009Q3	9.305	9.770
2000Q2	10.841	7.724	2005Q1	9.712	10.854	2009Q4	9.214	10.091
2000Q3	10.817	7.493	2005Q2	9.856	10.423	2010Q1	9.440	9.442
2000Q4	11.142	7.187	2005Q3	9.925	9.925	2010Q2	9.620	8.672
2001Q1	10.930	7.642	2005Q4	10.012	9.606	2010Q3	9.929	8.739
2001Q2	10.772	7.222	2006Q1	9.625	9.679	2010Q4	9.888	9.041

续表

时间	均衡值	现实值	时间	均衡值	现实值	时间	均衡值	现实值
2001Q3	10.686	7.369	2006Q2	9.681	10.082	2011Q1	9.736	9.003
2001Q4	11.061	7.415	2006Q3	9.982	10.151	2011Q2	9.611	9.351
2002Q1	10.884	7.256	2006Q4	9.839	10.134	2011Q3	9.527	9.065
2002Q2	10.765	7.605	2007Q1	9.642	10.169	2011Q4	9.821	8.568
2002Q3	10.660	8.143	2007Q2	9.601	10.348	2012Q1	10.335	8.269
2002Q4	11.178	8.272	2007Q3	9.910	10.383	2012Q2	10.363	8.107
2003Q1	10.361	8.882	2007Q4	9.287	10.770	2012Q3	10.581	7.941
2003Q2	10.622	9.413	2008Q1	8.552	10.727	2012Q4	10.076	8.104
2003Q3	10.547	9.310	2008Q2	8.354	10.869	2013Q1	10.499	8.221
2003Q4	11.105	9.841	2008Q3	8.307	10.297	2013Q2	10.811	8.038
2004Q1	10.368	10.344	2008Q4	8.175	9.016	2013Q3	10.549	8.111
2004Q2	10.376	9.968	2009Q1	8.654	8.907	2013Q4	9.473	8.290
2004Q3	10.015	10.120	2009Q2	8.975	9.311			

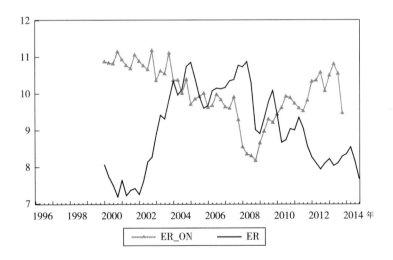

图 6.1.3　中欧名义均衡汇率与现实中名义汇率

从表6.1.3与图6.1.3展示的中欧名义均衡汇率与现实中名义汇率比较可以看出：2000年第一季度至2003年第四季度人民币存在明显的高估；2004年第一季度至2006年第四季度，现实中的名义汇率与计算得到的名义均衡汇率基本持平；2007 年第一季度至 2010 年第一季度，人民币对欧元名义汇率存在小幅低估；2010 年第二季度之后，人民币名义汇率存在明显高估。从图 6.1.1 中欧相对劳动生产率可以看出中欧相对劳动生产率在 2003 年至 2008 年处于高位，2009 年后一路下行。同时宏观经济基本面因素也不容忽视，2008 年的全球性金融危机引发欧元区的债务危机，欧洲经济遭受重创，如前文所述，我国的宏观经济政策也进行了相应调整。因此，宏微观因素决定了人民币名义汇率的贬值。

3. 人民币对日元汇率比较

表 6.1.4　　　　　　中日名义均衡汇率与现实中名义汇率

时间	均衡值	实际值	时间	均衡值	实际值	时间	均衡值	实际值
2003Q2	0.0684	0.0698	2007Q1	0.0749	0.0650	2010Q4	0.0966	0.0807
2003Q3	0.0682	0.0705	2007Q2	0.0752	0.0635	2011Q1	0.0902	0.0800
2003Q4	0.0712	0.0761	2007Q3	0.0778	0.0642	2011Q2	0.0873	0.0797
2004Q1	0.0680	0.0772	2007Q4	0.0746	0.0657	2011Q3	0.0883	0.0826
2004Q2	0.0687	0.0754	2008Q1	0.0721	0.0681	2011Q4	0.0913	0.0820
2004Q3	0.0676	0.0753	2008Q2	0.0708	0.0665	2012Q1	0.0977	0.0796
2004Q4	0.0707	0.0783	2008Q3	0.0719	0.0636	2012Q2	0.0982	0.0788
2005Q1	0.0680	0.0792	2008Q4	0.0739	0.0712	2012Q3	0.0993	0.0806
2005Q2	0.0713	0.0770	2009Q1	0.0855	0.0731	2012Q4	0.0968	0.0776
2005Q3	0.0731	0.0731	2009Q2	0.0885	0.0701	2013Q1	0.1039	0.0681
2005Q4	0.0738	0.0689	2009Q3	0.0892	0.0731	2013Q2	0.1044	0.0629
2006Q1	0.0719	0.0689	2009Q4	0.0896	0.0760	2013Q3	0.1042	0.0624
2006Q2	0.0736	0.0700	2010Q1	0.0949	0.0753	2013Q4	0.0917	0.0611
2006Q3	0.0751	0.0685	2010Q2	0.0957	0.0741			
2006Q4	0.0752	0.0668	2010Q3	0.0992	0.0790			

从中日的名义均衡汇率与现实中的名义汇率的比较可以看出：人民币名义汇率 2003 年第二季度至 2005 年第二季度存在一定的低估，低估程度平均达到 9%；2006 年第一季度至 2009 年第一季度人民币汇率

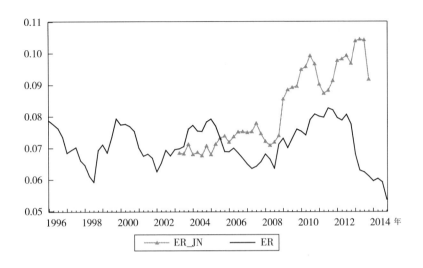

图 6.1.4　中日名义均衡汇率与现实中名义汇率

存在小幅的高估；自 2009 年后，名义均衡汇率与现实中的汇率存在较大的偏离，人民币高估现象比较明显。从中日相对劳动生产率的数据可以看出，2003 年至 2005 年保持在高位，2006 年开始下行，表明微观经济基础已不支持人民币升值。同时，宏观经济基本面因素也不容忽视，2008 年的全球金融危机对日本经济造成较大的冲击，我国为应对危机，宏观经济政策也进行了相应调整。因此，宏微观因素决定了人民币名义均衡汇率的贬值。

综合中美、中欧和中日的名义均衡汇率与现实中名义汇率的比较可以看出，自 2009 年前中美、中欧和中日的名义均衡汇率与现实中的汇率偏差较小。而自 2009 年之后中美、中欧和中日的名义均衡汇率与现实中的汇率存在较大的偏差，人民币表现为明显的高估。这是由宏观基本面因素与微观经济基础共同决定的。

第二节　人民币汇率波动区间

人民币汇率制度改革逐步推进，人民币对主要货币的波动幅度日益加大。2014 年 3 月 15 日，中国人民银行宣布，自 3 月 17 日起银行间即期外汇市场人民币兑美元交易价浮动幅度由 1% 扩大到 2%。这是自 2005 年 7 月人民币汇率制度改革以来，人民币兑美元汇率波幅的第三次扩大。图 6.2.1 展示了自 1996 年以来人民币相对美元的汇率走势以及相应的波动区间[①]。

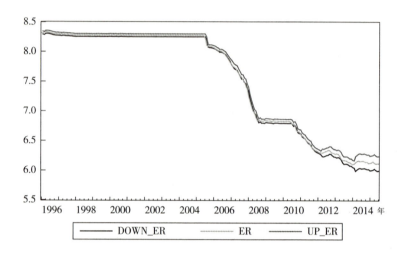

图 6.2.1　人民币对美元汇率及其波动区间

从图 6.2.1 中可以清晰看出：自 1996 年以来，人民币汇率处于窄幅波动阶段，人民币兑美元汇率波动区间设定在 0.3%，2005 年人民币兑美元汇率进入升值轨道；自 2007 年，人民币相对美元汇率波动区间扩大到 0.5%，人民币继续进入升值轨道，其间虽有停顿，但持续时间不长，人民币中间价处于波动区间的下边界；2012 年 4 月，人民币兑美元汇率的波动区间扩大到 1%；2014 年 3 月，人民币汇率波动区间进一步扩大到 2%，人民币汇率处于波动区间的中心，汇率的灵活性较强。以上波动区间的设定是否合理，未来波动区间应该如何设定，以及不同的波动区间对中国经济的影响如何，是政策研究需要解决的现实问题。

[①]　1994 年人民币汇率浮动幅度是 0.3%，2007 年扩大到 0.5%，2012 年 4 月扩大到 1%，2014 年 3 月扩大到 2%。

　　当前我国经济正面临重要的转折时点：从短期看，如何协调人民币国际化和资本账户开放可能对本国经济带来的冲击，特别是应对资本外流时的政策举措；从中长期来看，如何确定人民币汇率的"隐含"最优波动幅度，以尽可能保持汇率对于宏观经济调节的灵活性，同时稳定经济。Willianmson（1985、1987）指出，相对于固定汇率制度与浮动汇率制度，汇率波动区间的设定有助于增加汇率的灵活性，同时避免短期汇率的大幅波动所造成的汇率长期偏离均衡水平。国际经验也表明，合理控制汇率波动幅度，是抵御金融危机和成功推进汇率改革的关键。以智利为例，智利的资本账户开放始于 1986 年，其资本账户开放过程同时也是其汇率制度改革的过程。1986 年，智利央行将汇率的每日上下浮动区间由 0.5% 扩大到 2%；1988 年扩大到 3%；1989 年扩大到 10%；1996 年扩大到 12.5%。智利汇率最终浮动同时也完成了资本账户的开放。

　　关于汇率波动区间，国内外学者进行了大量的探讨。这其中关于汇率波动区间作用的研究主要有：Svensson（1994）指出真实世界中的固定汇率制度通常设定一个波动区间而不是完全地固定，这是因为汇率波动区间的设定有助于保持货币政策的独立性；Sutherland（1995）指出汇率目标区的设定与固定汇率制度和浮动汇率制度比较，面对货币需求与产品需求冲击时，更能够起到稳定产出与价格的作用；Miller 与 Zhang（1996）通过研究得到结论：央行预先设定的汇率波动区间可以有效地提高本国的福利水平；Melvin et al（2009）描述并分析了在电子交易平台上的爬行汇率波幅的实施情况，得到汇率波动区间的设定有助于汇率稳定的结论。关于汇率波动区间设定的主要研究有：Cukierman et al（2004）构建一个分析框架分析了在政府信誉与汇率灵活性替代选择下汇率波动区间的设定；王松奇等（2007）论证了汇率的可行波动区间是由经济因素、国际政治经济博弈共同决定的，提出了大国之间在汇率问题上的博弈，只是大国经济关系再调整的一个反映；黄志刚，陈晓杰（2010）实证测算了当前人民币波动区间是否合理。宗良（2014）指出随着美国 QE 的退出，新兴市场国家的汇率波动加大，中国应适当扩大人民币汇率的波动区间，以应对外部冲击。同时，关于汇率波动[①]的研究也为汇率波动区间的设定提供了有益的理论基础，代表性的研究主要有：丁剑平等（2006）认为汇率波动包括短期波动和中长期波动，认为研究汇率的短期波动显得尤为重要；庞晓波等（2008）针对人民币汇改以后人民币对美元汇率的波动表现，认为人民币汇改以后我国汇率波动已经具有了反映国内外经济景气变化的信号功能；杨建清（2012）把汇率看作是未来宏观经济基础的预期现值，度量了汇率的波动。

纵观现有的研究成果，对汇率波动区间的研究虽然较为丰富，但是鲜有汇率波动区间设定的量化分析，而这正是政策领域较为关注的问题。Willianmson（1996）曾建议汇率的波动区间大致设定在 7% ~ 10%，但是其建议缺乏理论依据。本章试图弥补以上研究的不足，构建汇率波动区间设定的理论框架，用以考察开放的经济体在面对货币市场外生冲击时，最优汇率波动区间的设定，通过对模型进行求解，得到现阶段人民币对美元汇率的最优波动区间的值，为新形势下我国汇率制度的改革提供可资借鉴的参考。

一、名义均衡汇率波动区间估计

Williamson 指出汇率目标区的波动区间是由宏观经济变量与微观经济变量的变动所决定的。目前，人民币名义汇率还处于窄幅波动阶段，那么现在的波动区间是否合适？人民币汇率适宜波动区间应设定在多少？是一个很值得探讨的问题。下面我们根据名义均衡汇率的表达式，进一步计算均衡汇率的波动区间。

---

① 发展中国家与发达国家汇率波动的根源不同，因此这里只列出了国内的研究成果。

首先，从名义均衡汇率的决定式出发，利用 HP 滤波，得到决定式中各个变量的长期趋势，然后利用各变量的实际值与长期趋势值相减，得到各变量对长期趋势值的偏离，各变量的偏离值的统计性质（见表 6.2.1）。

表 6.2.1　　　　　　　　　　各国经济变量波动的统计性质

变量	均值	最大值	最小值	标准差
C_ M2_ d	2.57e − 13	0.0368	− 0.523	0.02098
C_ gdp_ d	9.25e − 13	0.0875	− 0.0657	0.02949
C_ i_ d	2.0e − 13	1.993	− 1.605	0.7969
A_ M2_ d	3.22e − 13	0.034	− 0.025	0.0116
A_ gdp_ d	6.17e − 13	0.0294	− 0.034	0.0146
A_ pnt_ d	1.39e − 14	0.0362	− 0.0429	0.0208
O_ M2_ d	9.71e − 13	0.0432	− 0.0214	0.0133
O_ gdp_ d	6.77e − 13	0.0449	− 0.050	0.01878
O_ pnt_ d	3.54e − 15	0.0283	− 0.0467	0.0161
J_ M2_ d	5.24e − 13	0.0150	− 0.0265	0.00897
J_ gdp_ d	5.0e − 13	0.0422	− 0.0406	0.0160
J_ pnt_ d	8.15e − 15	0.0279	− 0.0498	0.0172
J_ i_ d	1.0e − 14	0.284	− 0.168	0.1075

其中，pnt 代表相对劳动生产率，变量前加的字母表示对应的国家或地区，变量后的字母 d 表示对应变量的偏离。利用名义均衡汇率决定式与方差公式可以得到中美、中欧与中日名义均衡汇率对数的标准差如下：

中美汇率对数的标准差：$SD_A = 0.0473$

中欧汇率对数的标准差：$SD_O = 0.0452$

中日汇率对数的标准差：$SD_J = 0.0420$

由此可以得到：中美经济的基本面因素决定人民币对美元汇率波动区间应该为 4.7%；中欧经济的基本面因素决定人民币对欧元汇率波动区间应该为 4.5%；中日经济的基本面因素决定中日汇率波动区间应

该为4.2%。因此可以得到结论：人民币汇率适宜的波动区间为均衡汇率的4%～5%。而目前的现实是银行间即期外汇市场人民币兑美元交易价浮动幅度为2%。由此可见，目前我国央行承担了因宏观与微观因素冲击导致汇率波动的风险。

二、经典框架下的波动区间

（一）基本模型设定

考察一个开放的经济体，其货币市场与产品市场满足如下方程：

$$m_t - p_t = \alpha y_t - \beta i_t \tag{6.2.1}$$

$$p_t = p_t^* + e_t \tag{6.2.2}$$

$$i_t = i_t^* + e_{t+1} - e_t + x_t \tag{6.2.3}$$

$$y_t = \tilde{y}_t + k(p_t - p_{t-1}) - h(i_t - i_{t-1}) \tag{6.2.4}$$

$$\pi_t = p_t - p_{t-1} \tag{6.2.5}$$

其中，α、β、k、h 为大于0的参数，小写字母代表相应的变量已取对数（利率除外），加 * 代表相应的外国变量。式（6.2.1）为货币市场均衡方程，m_t表示货币供给量，p_t表示价格水平，y_t为本国产出水平，i_t为本国利率。因此，货币需求由本国的价格水平、产出水平与利率水平共同决定，此为 Cagan 类型的货币需求方程，同样可以通过求解微观个体效应最大化的方法得到，当货币需求等于货币供给，货币市场均衡。式（6.2.2）为购买力平价条件，其中 e_t 代表汇率，以单位外币的本币计。虽然购买力平价条件成立与否饱受争议，但其不失为一种对现实的合理简化。式（6.2.3）为利率平价条件，x_t代表外生冲击。式（6.2.3）表明本国的利率水平等于外国的利率水平、预期的汇率贬值率以及外生冲击的和。式（6.2.4）[1] 为菲利普斯曲线的变型，$\tilde{y}_t$ 代表本

---

[1] 对于开放型经济体，产出必然受到汇率的影响，由式（6.2.2），外国价格水平保持不变时，汇率与价格相等，所以式（6.2.4）中系数 k 可以看作是价格与汇率变动共同对产出影响的结果。

国潜在的产出水平,由本国的生产率水平外生决定。$p_t - p_{t-1}$ 代表 t 期价格水平的变化,本国价格水平的意外上升必然导致本国产出的增加,因此系数 k 为正。$i_t - i_{t-1}$ 表示本国利率的变动,本国利率水平的意外上升会导致投资下降,从而产出下降;相反,如果本国利率水平意外下降,投资增加,必然导致产出上升。式(6.2.5)为通货膨胀的决定式,本国的通货膨胀率由本期与上一期价格水平的差决定。

假定本国为了避免汇率的剧烈波动,对汇率的波动设定一定的波动区间,且汇率波动区间的设定具有完全的信誉,即一经设定本国央行就会完全遵守。不失一般性可以设波动区间为 $[e_0 - w, e_0 + w]$,其中 e_0 为均衡汇率水平,w 为汇率的波幅[①]。本国央行通过调节货币供给以达到保持汇率在区间内变动的目的。当外生冲击 x_t 较小时,汇率在波动区间内变动,抵消了外生冲击的影响,本国央行不对汇率的变动进行干预,货币供给保持不变,本国利率水平保持不变;当外生冲击 x_t 较大时,汇率在波动区间内变动已经不能消除外生冲击的影响,本国央行出手干预,增加或减少货币供给,以保证汇率的变动限制在波动区间之内,此时本国利率水平发生变化。由此不难看出,汇率波动区间的设定有效地保证了本国货币政策具有一定的独立性,且随着汇率波动区间的增加,本国货币政策的独立性增强。如果汇率的波动区间无限大,对应浮动汇率制度,此时本国的货币政策具有完全的独立性;相反,如果汇率的波动区间无限小,则相当于完全固定汇率制度,此时本国完全丧失了货币政策的独立性。这与前期的理论研究[②]是一致的。

考虑一个两期模型,经济体初始保持在均衡状态,第一期外生冲击发生,汇率与利率发生变动,产出与通胀发生变化,第二期经济体又回到均衡水平。假定经济体初始均衡状态为:货币供给为 m_0,价格水平

---

① 波动区间设定不对称时,得到与对称设定下相同的结论。

② 如 Svensson(1994)。

为 p_0，产出为 $\tilde{y}$，利率为 i_0，汇率为 e_0。第一期，外生冲击出现，$x_1 \neq 0$，当 x_1 的值较小，未超出汇率的波动区间时，第一期汇率发生调整，汇率预期贬值率 $e_2 - e_1 = -x_1$，由于第二期汇率又回到均衡水平 $e_2 = e_0$，所以 e_1 的变化为 x_1，而 $e_1 - e_0 = x_1$，此时本国利率保持不变；当 x_1 的值较大时，汇率在波动区间内变动已经不能完全地吸收外生冲击，此时第一期汇率变动到上下波动区间处 $e_0 + w$ 或 $e_0 - w$，为了维持汇率在波动区间内波动，本国央行出手干预，调节本国的货币供给量，此时本国利率也会发生调整：当冲击为负向时，$e_2 - e_1 = w$，所以 e_1 的变化为 $-w$，而 $e_1 - e_0 = -w$，利率 i_1 的变动为 $x_1 + w$；当冲击为正向时，$e_2 - e_1 = -w$，所以 e_1 的变化为 w，而 $e_1 - e_0 = w$，利率 i_1 的变动为 $x_1 - w$。以上分析可以用式（6.2.6）表示

$$e_1 - e_0 = \left\{ \begin{array}{l} -w(x_1 < -w) \\ x(-w \leq x_1 \leq w) \\ w(x_1 > w) \end{array} \right\} \quad i_1 - i_0 = \left\{ \begin{array}{l} x_1 + w(x_1 < -w) \\ 0(-w \leq x_1 \leq w) \\ x_1 - w(x_1 > w) \end{array} \right\}$$

$$(6.2.6)$$

以上分析可以用以下经济学过程来描述：当外部冲击为负，相当于外国利率降低，大量资金流入本国，本币升值，因为预期下一期汇率会回到均衡水平，因此汇率的贬值率为正。如果冲击较大，超出汇率的波动区间，本国央行增加货币供给，本国利率下降。如果外生冲击为正，相当于外国利率提高，大量资金流出本国，本国汇率贬值，而预期下一期汇率会回到均衡水平，预期贬值率为负，当正向冲击较大，超出汇率的波动区间，本国央行减少货币供给，本国利率上升。

通常，本国政府以产出波动与通货膨胀率最小为本国政策的最终目标，因此，设定社会损失函数为

$$L = (y_t - \tilde{y_t})^2 + \lambda \pi_t^2 \qquad (6.2.7)$$

其中，参数 λ 表示本国政府相对于产出波动对通货膨胀的厌恶程

度，λ 越大，表示相对于产出波动，本国政府对通货膨胀更加厌恶；反之越小，表示相对于通货膨胀本国政府更加厌恶产出的波动。通常的社会损失函数包括两个参数，即产出波动前的参数与通货膨胀率前的参数，本章为了简化，只用一个参数 λ 代替，但是并没有丢失损失函数所表征的含义。利用购买力平价条件式（6.2.2）[①] 与产出的决定式（6.2.4），损失函数可以表示为

$$L = [k(e_t - e_{t-1}) - h(i_t - i_{t-1})]^2 + \lambda (e_t - e_{t-1})^2 \qquad (6.2.8)$$

于是，损失函数表示为汇率与利率变动的函数。如前文所述，面对不同的外生冲击，汇率与利率变动情况是不同的，这与本国央行设定的汇率波动区间有关。通过求解损失函数极值问题，即可确定汇率的最优波动区间。

（二）冲击不同分布状态下的解

本节区分不同的外生冲击类型，即外生冲击 x_1[②] 服从一致分布和三角分布两种情况，给出最优解。值得说明的是，以往的研究多将外生冲击假定为随机游走过程，然而，正如 Krugman（1991）所指出的那样，这种假定并无理论依据，只是出于简化模型，消除预期对模型的影响。因此放弃这一假设，选择一致分布与三角分布进行研究。其中一致分布意味着各种冲击出现的概率是均等的；而三角分布则意味着较大冲击出现的概率较小，而较小冲击出现的概率较大，与正态分布较为类似。以下假定外生冲击的波动范围在 $[-a, a]$ 之间，a 为大于 0 的正数。当 a 趋于 ∞，表示外生冲击无限大。

1. 一致分布下模型的解

外生冲击服从一致分布，即在 $[-a, a]$ 区间内出现的概率相等，其概率密度表达式为

---

① 假定外国价格水平不变。

② 以下为简化，用 x 代替 x_1。

$$f(x) = \frac{1}{2a}(-a \leqslant x \leqslant a) \tag{6.2.9}$$

因此，依据式（6.2.6）、式（6.2.8）与式（6.2.9），可得损失函数的数学期望为

$$L = \int_{-a}^{-w} \frac{1}{2a}\{[-kw - h(x+w)]^2 + \lambda w^2\} dx + \int_{-w}^{w} \frac{1}{2a}(k^2 x^2 + \lambda x^2) dx$$

$$+ \int_{w}^{a} \frac{1}{2a}\{[kw - h(x-w)]^2 + \lambda w^2\} dx \tag{6.2.10}$$

式（6.2.10）对 x 进行积分，损失函数表示为汇率波动区间 w 的函数。对损失函数求一阶导数，并令其等于 0，即 $\frac{dL}{dw} = 0$，则可得 L 取极小值时汇率波动区间 w 的解。其解的形式为

$$w_1 = (ah^2 + akh)/(h^2 + 3hk + 2k^2 + 2\lambda)$$

$$w_2 = a \tag{6.2.11}$$

由于 k、h、a 与 λ 均为正数，w_1 中由 h、k 与 λ 组成的系数分子明显小于分母，因此 $w_1 < w_2$，分析 w_1 即可。从 w_1 的表达式可以看出，最优汇率波动区间的设定具有以下几个影响因素：

第一，外生冲击越大，则波动区间也就应越大；反之则相反。对于资本账户开放国家而言，外生冲击越来越大，汇率的波动区间也应该适当放宽。

第二，货币当局的政策偏好影响波动区间设定。本国政府对通货膨胀厌恶程度 λ 越高，则汇率的波动区间越小。

第三，经济基础特征的影响。产出中利率的半弹性与汇率波动幅度正相关，与价格弹性则呈现非单调特征。表 6.2.2 与图 6.2.2 描述了产出方程中价格弹性 k 与利率半弹性 h 在 0～1 之间取值时，最优汇率波动区间的取值情况。此处假定外生冲击为 1，$\lambda = 2$，即政府极度厌恶通货膨胀。

表 6.2.2　　　　　　一致分布下汇率最优波动区间的设定

k＼h	0	0.1	0.2	0.3	0.4	0.5	0.6	0.7	0.8	0.9	1
0	0	0.0025	0.0099	0.022	0.0385	0.0588	0.0826	0.1091	0.1379	0.1684	0.2
0.1	0	0.0049	0.0146	0.0286	0.0465	0.0679	0.0921	0.1186	0.1469	0.1765	0.2068
0.2	0	0.0072	0.0189	0.0345	0.0536	0.0756	0.1	0.1263	0.1538	0.1823	0.2113
0.3	0	0.0093	0.0227	0.0396	0.0596	0.082	0.1063	0.1321	0.1588	0.1862	0.2138
0.4	0	0.0112	0.0261	0.044	0.0645	0.087	0.1111	0.1363	0.1622	0.1884	0.2147
0.5	0	0.0129	0.0289	0.0476	0.0684	0.0909	0.1146	0.1391	0.164	0.1892	0.2143
0.6	0	0.0143	0.0313	0.0505	0.0714	0.0937	0.1169	0.1406	0.1647	0.1888	0.2128
0.7	0	0.0154	0.0331	0.0526	0.0736	0.0955	0.1182	0.1412	0.1644	0.1875	0.2104
0.8	0	0.0163	0.0345	0.0542	0.075	0.0966	0.1186	0.1409	0.1633	0.1855	0.2074
0.9	0	0.0169	0.0355	0.0552	0.0758	0.097	0.1184	0.14	0.1615	0.1828	0.2039
1	0	0.0174	0.0361	0.0558	0.0761	0.0968	0.1176	0.1385	0.1593	0.1798	0.2

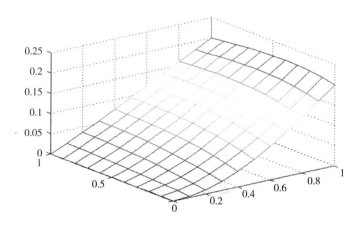

图 6.2.2　　一致分布下汇率波动区间的设定

随着利率半弹性 h 的增加，最优汇率波动的区间变大。如果产出的利率半弹性较大，则利率的小幅变动就会引起产出较大波动，从而增大损失额。其他条件不变，汇率的波动区间较大，则利率变动较小，产出的波动较小，损失函数减小；反之则相反。

产出中的价格弹性 k 对波动区间的影响则较为复杂，在 $h \leqslant 0.4$ 时，

随着 k 值的增加，汇率的波动区间 w 表现为增加；从 $h > 0.4$ 后，汇率波动区间 w 先表现为随着 k 值的增加而增加，后随着 k 值的增加而减小。以上的结果可以这样理解：当 h 值较小时，利率变动引起的产出变动不大，但是由于 λ 值相对较大，随着 k 的增加，解 w 分子的变动率大于分母的变动率，因此表现为随着 k 值的增加，汇率波动区间增加；当 h 较大时，随着 k 值的增加，解 w 分子的变动率小于分母的变动率，因此，汇率波动区间减小。这是可以理解的，随着 k 值的增加，汇率波动区间较大必然导致较大的价格波动，从而损失额增加，因此最优的汇率波动区间应减小。

2. 三角分布下模型的解

假定外生冲击服从三角分布，即在 $[-a, a]$ 区间内出现的概率随着 x 接近 0 而增加，其概率密度表达式为

$$f(x) = \begin{cases} \dfrac{x}{a^2} + \dfrac{1}{a}(-a \leqslant x \leqslant 0) \\ -\dfrac{x}{a^2} + \dfrac{1}{a}(0 < x \leqslant a) \end{cases} \tag{6.2.12}$$

因此，依据式（6.2.6）、式（6.2.8）与式（6.2.12），可得损失函数的数学期望

$$
\begin{aligned}
L = & \int_{-a}^{-w} \frac{1}{2a} \{[-kw - h(x+w)]^2 + \lambda w^2\} \times \left(\frac{x}{a^2} + \frac{1}{a}\right) \mathrm{d}x \\
& + \int_{-w}^{0} \frac{1}{2a}(k^2 x^2 + \lambda x^2) \times \left(\frac{x}{a^2} + \frac{1}{a}\right) \mathrm{d}x \\
& + \int_{0}^{w} \frac{1}{2a}(k^2 x^2 + \lambda x^2) \times \left(-\frac{x}{a^2} + \frac{1}{a}\right) \mathrm{d}x \\
& + \int_{w}^{a} \frac{1}{2a} \{[kw - h(x-w)]^2 + \lambda w^2\} \times \left(-\frac{x}{a^2} + \frac{1}{a}\right) \mathrm{d}x
\end{aligned} \tag{6.2.13}
$$

对 x 进行积分，将损失函数表示为汇率波动区间 w 的函数。对损失函数求一阶导数，并令其等于 0，即 $\dfrac{\mathrm{d}L}{\mathrm{d}w} = 0$，得到 L 取极小值时汇率波

动区间 w 的解。其解的形式如下

$$w_1 = (ah^2 + akh)/(h^2 + 4hk + 3k^2 + 3\lambda)$$

$$w_2 = a$$

$$w_3 = a \tag{6.2.14}$$

由于 k、h、a 与 λ 均为正数，w_1 中由 h、k 与 λ 组成的系数分子明显小于分母，因此 $w_1 < w_2 = w_3$，分析 w_1 即可。w_1 的表达式同式（6.2.11）接近，表明汇率波动区间同主要参数之间的关系是类似的。最优波动区间与外生冲击的大小呈正相关，同政策偏好（即对通货膨胀的厌恶程度）λ 负相关，这与一致分布下得到的结论是一致的。依照前文中相同的设定，最优汇率波动区间与经济基本结构参数的关系见表 6.2.3 和图 6.2.3。

表 6.2.3　　　　　　三角分布下汇率最优波动区间的设定

k＼h	0	0.1	0.2	0.3	0.4	0.5	0.6	0.7	0.8	0.9	1
0	0	0.0017	0.0066	0.0148	0.026	0.04	0.0566	0.0755	0.0964	0.1189	0.1429
0.1	0	0.0033	0.0098	0.0192	0.0315	0.0463	0.0633	0.0824	0.103	0.125	0.148
0.2	0	0.0048	0.0127	0.0233	0.0364	0.0517	0.069	0.0879	0.1081	0.1294	0.1515
0.3	0	0.0063	0.0153	0.0268	0.0405	0.0562	0.0735	0.0921	0.1118	0.1324	0.1535
0.4	0	0.0075	0.0175	0.0298	0.044	0.0598	0.0769	0.0952	0.1143	0.134	0.1542
0.5	0	0.0086	0.0195	0.0323	0.0467	0.0625	0.0794	0.0972	0.1157	0.1346	0.1538
0.6	0	0.0095	0.0211	0.0342	0.0488	0.0645	0.0811	0.0984	0.1162	0.1343	0.1527
0.7	0	0.0103	0.0223	0.0357	0.0503	0.0658	0.082	0.0988	0.1159	0.1333	0.1508
0.8	0	0.0109	0.0233	0.0368	0.0513	0.0665	0.0824	0.0986	0.1151	0.1318	0.1485
0.9	0	0.0114	0.0239	0.0375	0.0518	0.0668	0.0822	0.0979	0.1138	0.1298	0.1458
1	0	0.0117	0.0244	0.0379	0.052	0.0667	0.0816	0.0968	0.1121	0.1275	0.1429

汇率波动区间随着利率半弹性 h 的增加而增加。此结论与一致分布下得到的结论是一致的。产出的价格弹性 k 对汇率波动区间的影响则较为复杂，在 $h \leq 0.4$ 时，随着 k 值的增加，汇率的波动区间 w 表现为增加；在 $h > 0.4$ 后，汇率波动区间 w 先表现为随着 k 值的增加而增加，

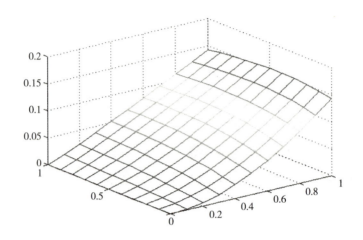

图 6.2.3　三角分布下汇率最优波动区间的设定

后随着 k 值的增加而减小。这与一致分布下遵从相同的规律。

比较两种不同分布下汇率波动区间的最优值，不难发现，在三角分布下汇率波动区间的最优值相对较小。因此，可以得到结论：如果外生冲击分布相对集中，则汇率的最优波动区间应该较小；如果外生冲击分布得相对分散，则汇率的最优波动区间应该较大。

（三）人民币对美元汇率最优波动区间的设定

对中国而言，如何设定最优的汇率波动区间？本章利用前述模型，进行两步计算，首先对式（6.2.4）进行回归，得到参数 k 与 h 的取值，然后根据冲击分布的类型、大小与政策当局偏好，计算人民币汇率的最优波动区间。

选取 2002 年至 2014 年的季度数据，产出 y 用 GDP 表示，数据处理过程为：首先对 y 取对数，然后用 HP 滤波得到 y 的长期趋势，再用 y 减去长期趋势的值，得到产出 y 的波动。价格水平 P 用 CPI 表示，由于我国的利率还未市场化，存贷款利率还没有完全反映货币供求的变化，因此选择 chilbor7 天隔夜拆借利率为利率的代表。对式（6.2.4）进行回归，得到产出波动、价格波动与利率变动的长期关系如下

$$y\_\ b_t = 0.033(p_t - p_{t-1}) - 0.032(i_t - i_{t-1}) \qquad (6.2.15)$$

其中，$y\_\ b_t$表示产出的波动，此回归式拟合优度达到 47.7%。

图 6.2.4 展示了中美两国[①]2002—2014 年利率的值，其中 I_ A 表示美国，I_ C 表示中国。

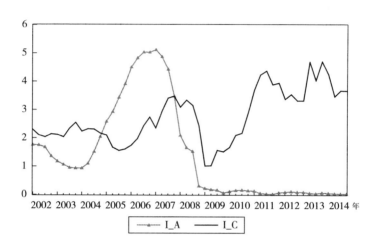

图 6.2.4　2002—2014 年中美利率比较

从图 6.2.4 可以清晰看出，自 2002 年以来中美的最大利差保持在 4 左右。下面，我们利用一致分布来计算人民币对美元最优的汇率波动区间。利用式（6.2.11）与式（6.2.15），在不同的偏好设置下，人民币对美元汇率最优波动区间的值如表（6.2.4）所示。

表 6.2.4　　　　　　人民币对美元汇率最优波动区间的设定

λ	0.05	0.1	0.2	0.4	0.6	0.8	1	2
波动区间	0.078	0.040	0.020	0.010	0.007	0.005	0.004	0.002

1994 年以来，我国经济高速增长，抑制通货膨胀一直是政府部门的重要任务，因此 λ 较大。从表 6.2.4 看出汇率的波动区间相对较小，这是符合我国汇率政策实际的。2007 年受国际金融危机的影响，世界

---

① 美国利率用 3 个月期国债收益率表示。

经济一直处于低迷状态，我国经济的下行压力也较大，保增长成为政府部门的首要任务，相对于通货膨胀，当前我国更重视产出的波动。当 λ 取 0.2 时，计算得到人民币最优的汇率波动区间为 2%。由此可见，当前我国汇率的波动区间的设定是合理的。随着我国进一步开放资本账户，外生冲击会越来越大，因此，适当地扩大人民币汇率的波动区间以增加汇率的灵活性是汇率进一步改革的方向。

三、新凯恩斯框架下的波动区间

下面，我们结合第二章中新凯恩斯的框架与上一节中汇率波动区间的设定，比较固定汇率制度、汇率波动区间与浮动汇率制度下的福利损失，得到汇率最优波动区间随着外生冲击的增加而增大，与采用设定汇率波动区间这一中间的汇率制度有助于本国福利提高的结论。

（一）波动区间的新凯恩斯框架

1. 企业部门

企业的生产函数为柯布—道格拉斯形式

$$Y_t(j) = A_t K_t^{\gamma}(j) N_t^{1-\gamma}(j) \tag{6.2.16}$$

其中，A_t 表示劳动生产率，$K(j)$ 为生产的资本投入，γ 为资本的弹性。在本国内资本可以自由流动，资本的价格即为本国利率 $1 + i_t$，由资本利用最优条件，产出又可表示为

$$Y_t(j) = \frac{\gamma A_t}{(1 + i_t)^{\frac{\gamma}{1-\gamma}}} N_t(j) \tag{6.2.17}$$

于是，实际边际成本可以表示为

$$mc_t = w_t - p_{H,t} - a_t + \frac{\gamma}{1 - \gamma} i_t \tag{6.2.18}$$

$a_t = \log A_t$。由此可见，企业的实际边际成本与本国的利率有关。

2. 通货膨胀率

由前文中价格指数的定义，本国与外国之间贸易条件的对数形式

为 $s_t = p_{F,t} - p_{H,t}$ ，于是，本国价格指数 CPI 为

$$p_t = (1 - \alpha)p_{H,t} + \alpha p_{F,t} = p_{H,t} + \alpha s_t \qquad (6.2.19)$$

因此，本国通货膨胀率 $\pi_{H,t} = p_{H,t} - p_{H,t-1}$ 与本国价格指数 CPI 的通货膨胀率之间的关系为

$$\pi_t = \pi_{H,t} + \alpha \Delta s_t \qquad (6.2.20)$$

对于所有商品一价定律成立，即有 $p_{F,t} = e_t + p_t^*$ ，e_t 表示两国之间汇率的对数，以单位外币的本币计，p_t^* 为外国的价格水平。于是贸易条件与汇率之间的关系可表示为 $s_t = e_t + p_t^* - p_{H,t}$ 。

3. 货币市场方程

本国的货币市场均衡方程为

$$m_t - p_t = y_t - \chi i_t \qquad (6.2.21)$$

式（6.2.21）表明，本国货币供给由价格水平、本国产出与利率水平决定。

利率平价条件为

$$i_t = i_t^* + \Delta e_{t+1} + x_t \qquad (6.2.22)$$

其中，不失一般性 i_t^* 设为 0，$\Delta e_{t+1} = e_{t+1} - e_t$ 表示汇率的波动，x_t 为货币市场遭受的外生冲击。

本国为了避免外生冲击对本国货币政策的影响，本国货币当局为本国汇率设定一定的波动区间，不失一般性，假定波动区间的设定是对称的，则 t 期的汇率波动范围为 $[e_t - b, e_t + b]$ ，e_t 为 t 期均衡汇率，且波动区间一经设定就具有完全信誉，即货币当局会严格遵守此项承诺。由货币市场均衡方程式（6.2.20）与利率平价条件式（6.2.21）可知：当外生冲击较小时，汇率在波动区间内波动就可消除外生冲击的影响，本国利率水平保持不变，本国货币供给保持不变；当外生冲击较大时，汇率在波动区间内波动已经不能消除外生冲击的影响，此时，汇率波动到上或下波动区间边界处，本国利率发生变化，本国货币供给变化。此过程可表示为

$$e_{t+1} - e_t = \left\{ \begin{array}{c} b(x_t < -b) \\ -x(-b \leqslant x_t \leqslant b) \\ -b(x_t > b) \end{array} \right\} \quad i_t - i_{t-1} = \left\{ \begin{array}{c} x_t + b(x_t < -b) \\ 0(-b \leqslant x_t \leqslant b) \\ x_t - b(x_t > b) \end{array} \right\}$$

$$(6.2.23)$$

由此可见，汇率波动区间的设定有效地保证了本国货币政策具有一定的独立性，且随着汇率波动区间值的增加，本国货币政策的独立性增强。如果汇率的波动区间无限大，对应浮动汇率制度，此时本国的货币政策具有完全的独立性；相反，如果汇率的波动区间无限小，则对应完全固定汇率制度，此时本国完全丧失了货币政策的独立性。这与前期的理论研究[①]是一致的。

4. 均衡

（1）产出波动的动态方程

在开放经济的条件下，本国的产出由本国与外国的需求决定。本国商品市场出清有

$$Y_t(j) = \left(\frac{P_{H,t}(j)}{P_{H,t}} \right)^{-\varepsilon} \times \left[(1-\alpha) \left(\frac{P_{H,t}}{P_t} \right)^{-\eta} C_t + \alpha \left(\frac{P_{H,t}}{e_t P_t^*} \right)^{-\eta} C_t^* \right]$$

$$(6.2.24)$$

由于本国总产出定义为 $Y_t = \left[\int_0^1 Y_t(j)^{\frac{\varepsilon-1}{\varepsilon}} dj \right]^{\frac{\varepsilon}{\varepsilon-1}}$，式（6.2.23）可简化为

$$Y_t = (1-\alpha) \left(\frac{P_{H,t}}{P_t} \right)^{-\eta} C_t + \alpha \left(\frac{P_{H,t}}{e_t P_t^*} \right)^{-\eta} C_t^* \qquad (6.2.25)$$

对式（6.2.25）进行对数线性化，且注意到本模型采用的是小国假设，外国的消费与价格保持不变，因此可以得到

$$y_t = z c_t + z^* \eta e_t \qquad (6.2.26)$$

其中，$z = (1-\alpha) \left(\frac{\overline{P_{H,t}}}{P_t} \right)^{-\eta} \frac{\overline{C_t}}{Y}$，$z^* = \alpha \left(\frac{\overline{P_{H,t}}}{e_t P_t^*} \right)^{-\eta} \frac{\overline{C_t^*}}{Y}$，变量上加横表示稳

---

① 如 Svensson（1994）。

态值。

由此可得

$$y_t = y_{t+1} + \frac{z}{\sigma}(1-\alpha)\pi_{H,t+1} - \left(z^*\eta + \frac{z}{\sigma} - \frac{z}{\sigma}\alpha\right)\Delta e_{t+1} - \frac{z}{\sigma}x_t$$

$$(6.2.27)$$

则 y_t 对稳态偏离的动态方程可以表示为

$$\tilde{y}_t = \tilde{y}_{t+1} + \frac{z}{\sigma}(1-\alpha)\pi_{H,t+1} - \left(z^*\eta + \frac{z}{\sigma} - \frac{z}{\sigma}\alpha\right)\Delta e_{t+1} - \frac{z}{\sigma}x_t$$

$$(6.2.28)$$

其中，$\tilde{y}_t = y_t - y_t^n$、$\tilde{y}_{t+1} = y_{t+1} - y_{t+1}^n$，$y_t^n$ 与 y_{t+1}^n 分别为 t 期与 $t+1$ 期的自然产出水平，由经济体外生条件如技术水平等决定。

（2）通货膨胀率动态方程

实际边际成本方程为

$$mc_t = w_t - p_{H,t} - a_t + \frac{\gamma}{1-\gamma}i_t$$

$$= w_t - p_t + p_t - p_{H,t} - a_t + \frac{\gamma}{1-\gamma}i_t$$

$$= \left(\frac{\sigma}{z} + \varphi\right)y_t - \sigma\frac{z^*}{z}\eta e_t + \alpha s_t - (1+\varphi)a_t$$

$$+ (1+\varphi)\frac{\gamma}{1-\gamma}i_t \qquad (6.2.29)$$

通货膨胀率的动态方程可以表示为

$$(1+\lambda\alpha)\pi_{H,t} = \beta\pi_{H,t+1} + \lambda\left(\frac{\sigma}{z} + \varphi\right)\tilde{y}_t - \lambda\left(\sigma\frac{z^*}{z}\eta - \alpha\right)\Delta e_t$$

$$+ \lambda(1+\varphi)\frac{\gamma}{1-\gamma}\Delta i_t \qquad (6.2.30)$$

从通货膨胀率的动态方程表达式可以看出，通货膨胀率与产出波动、汇率以及利率的变动有关。

5. 福利函数

从代表性个体效用函数出发，利用 Woodford（2003）的方法，代

表性个体每一期福利损失函数为

$$L = \frac{1-\alpha}{2}\left[(1+\varphi)\mathrm{var}(\tilde{y}_t) + \frac{\varepsilon}{\lambda}\mathrm{var}(\pi_{H,t}) \right] \qquad (6.2.31)$$

可见，福利损失函数由产出波动与通货膨胀率的方差决定。

（二）人民币汇率波动区间测算与汇率制度选择

本部分首先对模型的参数进行校准，然后利用产出与通胀的动态方程组计算不同外生冲击下最优汇率波动区间的值，最后利用已得到的最优汇率波动区间的值计算福利损失，得到最优的汇率制度选择。

1. 最优汇率波动区间的值

考虑外生冲击 x_t 大小为 a（$a > 0$）的情况，假定外生冲击只发生在 t 期，因此，由产出与通货膨胀的动态方程组得 $t-1$ 期与 $t+2$ 期均处于均衡状态。t 期产出与通货膨胀表示为汇率波动区间与外生冲击的函数：

$$1.067\pi_{H,t} = \pi_{H,t+1} + 0.72\tilde{y}_t - 2.2\Delta e_t + 0.18\Delta i_t = 3.2b - 0.23a$$

$$\tilde{y}_t = -4.26\Delta e_{t+1} + 0.18\pi_{H,t+1} - 0.3x_t = 4.66b - 0.33a$$

$$(6.2.32)$$

利用式（6.2.32）与社会损失函数式（6.2.31），可以得到不同外生冲击大小下，社会损失函数取极小值时汇率波动区间的值。对于外生冲击 a 的大小，本文取 $0 \sim 3$ 这一范围，最优汇率波动区间的值如表6.2.5所示。

表6.2.5　　　　　　　不同冲击下最优汇率波动区间

a	0	0.05	0.1	0.15	0.2	0.25	0.3	0.35
b	0.0001	0.0036	0.0071	0.0107	0.0143	0.0178	0.0214	0.025
a	0.4	0.45	0.5	1	1.5	2	2.5	3
b	0.0285	0.0321	0.0356	0.0713	0.1069	0.1426	0.1782	0.2139

观察表6.2.5不难发现，随着外生冲击的加强，汇率的最优波动的区间变大。从外生冲击较小时 $a = 0.05$ 到外生冲击增加到 $a = 3$，汇率的最优波动区间从0.004上升到0.2139，由此可以得到结论，当本国遇

到的外生冲击不断增加时，本国应该适当地扩大汇率的波动区间。同时也可以表述为：当外生冲击较小时，相对固定的汇率制度为本国的首选；而当外生冲击较大时，相对浮动的汇率制度为其首选。这一结论得到资本账户开放国家开放事实的支持[①]。随着一国资本账户的开放，受到外生冲击也就越来越大且多为随机性冲击，从而其汇率制度也应从相对固定转化为相对浮动，以实现本国福利最优。

由于我国的资本账户还处于一定的管制状态，国外的货币市场的外生冲击对我国的影响还较弱，因此，人民币汇率一直处于窄幅波动阶段。但是，随着我国资本账户开放的不断深入，如前文所述汇率的波动区间也在不断地向着扩大的方向发展。2008 年国际金融危机以来，随着以美国为首的发达经济体施行量化宽松的货币政策，外生冲击加大，人民币汇率波动区间也从 2007 年的 0.3%，扩大到 2014 年的 2%，相当于本章测定的外生冲击为 0.3 或 0.35 的水平，这是符合本章结论的。可以预计，随着我国资本账户开放进程的不断深入，人民币汇率波动区间将进一步扩大，人民币汇率将向着更加灵活的方向发展。

2. 汇率波动区间与固定、浮动汇率制度的比较

上一节通过数值模拟，计算了汇率最优波动区间的值。那么紧接着一个重要的问题是汇率波动区间的设定是否有助于本国福利的提高。下面，利用上一节中得到的最优波动区间的值计算实行汇率波动区间制度下的福利损失，并与固定和浮动汇率制度下的福利损失相比较，为我国的汇率制度选择提供有益的支持。

表 6.2.6　　　　　　　　各种汇率制度下福利损失情况

a	0	0.05	0.1	0.15	0.2	0.25	0.3	0.35
区间 $\times 10^{-5}$	0	0.0013	0.0052	0.0118	0.0209	0.0327	0.0471	0.0641
固定	0	0.0003	0.001	0.0024	0.0042	0.0065	0.0094	0.0128

---

① 如智利的资本账户开放过程是其汇率制度改革的过程。

续表

a	0	0.05	0.1	0.15	0.2	0.25	0.3	0.35
浮动	0	0.0632	0.2526	0.5684	1.0104	1.5788	2.2735	3.0944
a	0.4	0.45	0.5	1	1.5	2	2.5	3
区间×10^{-5}	0.0837	0.106	0.1308	0.52	1.18	2.09	3.27	4.71
固定	0.0167	0.0212	0.0261	0.1045	0.235	0.4178	0.6529	0.9401
浮动	4.0417	5.1153	6.3152	25.2607	56.8366	101.0429	157.8795	227.3465

表6.2.6展示了不同外生冲击下汇率波动区间、固定汇率制度与浮动汇率制度下的福利损失情况。从表6.2.6数据比较可以看出：（1）浮动汇率下的福利损失要远远大于固定汇率制度与汇率波动区间下的福利损失。以外生冲击大小 a 为0.3为例，汇率波动区间的福利损失为0.000000471，固定汇率制度下的福利损失为0.0094，而浮动汇率制度下的福利损失已达到2.2735，是汇率波动区间福利损失的4800000倍，是固定汇率制度下福利损失的241倍。（2）固定汇率制度下的福利损失与汇率波动区间下的福利损失比较，也明显大于汇率波动区间下的福利损失，且随着外生冲击的增加，两者的差距增加。以外生冲击 a 为0.25与2为例：a=0.25时，固定汇率制度下的福利损失比汇率波动区间下的福利损失大0.0065；而 a=2 时，固定汇率制度下的福利损失比汇率波动区间下的福利损失大0.41778。由此得到结论：汇率波动区间的设定与固定汇率制度和浮动汇率制度相比有助于本国福利的提高。

以上通过分析不同冲击大小下汇率波动区间、固定汇率制度与浮动汇率制度下的福利损失情况，得到结论：与固定和浮动汇率制度比较，对于一个开放的小型经济体采用汇率波动区间有助于本国福利的提高。Eduardo 与 Federico（2005）对1974—2000年 IMF 成员国的汇率制度进行了研究，发现事实上，采用盯住汇率制度的国家保持稳定，尽管这些国家表面上并不承认实行的是盯住的汇率制度，而那些声称采用浮动汇率制度的国家实际上大多采用的是管理浮动的汇率制度。Ghosh（2013）研究了拉丁美洲国家的汇率制度演化，指出这些国家在

19世纪末到20世纪初汇率的灵活性有了显著提高，但他们还是保持实行管理浮动的汇率制度，而不是完全浮动，尤其是一些小型国家实行的还是相对固定的汇率制度。由此可见，本章结论与对现实研究的结论是一致的。

第三节　本章小结

鉴于现有均衡汇率模型存在的弊端，本章利用汇率的货币分析法与巴拉萨—萨缪尔森效应理论测算了人民币对美元、欧元与日元的名义均衡汇率，我们得到的名义均衡汇率不但由宏观的货币供给与产出决定，而且还与微观的劳动生产率有关。通过对各个国家或地区的货币市场方程的回归，我们得到变量间的长期关系，从而测算出了相应的参数值，计算出中美、中欧与中日的名义均衡汇率。从名义均衡汇率与现实中汇率比较，我们发现：2002年前人民币存在一定的高估；2003年至2008年，人民币存在小幅的低估或高估；但2009年之后，人民币存在严重的高估。这是非常值得货币当局关注的，汇率高估不但短期会对本国经济造成严重打击，而且可能进一步影响经济的发展动力，造成长期的衰退。同时我们要注意因汇率偏离均衡水平可能导致投机性攻击，进一步引发货币危机的风险。央行应密切关注人民币汇率的变化，尽快使人民币汇率回到均衡水平。

接下来，我们利用三种方法进一步测算了人民币汇率适宜的波动区间：

（1）通过对均衡汇率表达式的求解，测算各变量的方差得到人民币汇率适宜的波动区间应该在4%～5%，而当前我国的汇率波动区间只有2%。由此可见，当前因宏观与微观因素波动产生的汇率波动风险大部分由央行承担。因此，央行应适当地扩大汇率的波动区间，适应市场的规律。当然央行还要考虑企业出口对汇率波动区间的承受力，但是央行长期作为外汇市场风险的承担者，本身就是一种扭曲市场的行为，所以央行应进一步扩大汇率波动区间的限制，使人民币外汇市场回归理性。

（2）以现有的理论研究为基础，构建了一个开放经济体的简约模型，实际测算了人民币对美元汇率的最优波动区间。经研究发现：最优汇率波动区间随着外生冲击的增加而增大，随本国央行对通货膨胀厌恶程度的提高而降低。通过对参数进行设定，本章计算了在产出中不同价格弹性与不同利率半弹性下，汇率最优波动区间的值。通过比较发现，最优汇率波动区间的值随产出中利率半弹性的增加而增加，随产出中价格弹性的变化则较为复杂，表现为先增加后减少。本章结合中美两国的数据，利用已得到的结果计算了人民币对美元汇率适宜的波动区间，得到了在不同政府偏好下，最优汇率波动区间的值。

（3）构建了一个新凯恩斯模型，测算了不同冲击大小下最优汇率波动区间的值。经研究发现：①汇率最优波动区间随着外生冲击的增加而增大，随着我国资本账户开放的进一步深入，人民币汇率波动区间应逐渐扩大；②通过比较汇率波动区间、固定汇率制度与浮动汇率制度下的福利损失情况，发现设定汇率波动区间下的福利损失小于固定与浮动汇率制度的情况，因此，采用设定汇率波动区间这一中间的汇率制度有助于本国福利的提高。我国当前正在进行经济体制改革，施行以开放促进国内改革的策略，国家与国家间的关系越来越紧密，国外的冲击必然传导到国内，因此当前我国面对着大量的外生冲击。而一直以来，人民币汇率处于窄幅波动阶段。本章的模型表明，面对大量的外生冲击，应适当地扩大汇率的波动区间，并且波动区间的设定相较于固定与浮动汇率制度有助于本国福利的提高。因此，我国应遵从此规律，适当地扩大人民币汇率的波动区间。最后，过大的波动区间（相当于浮动汇率制度）会造成本国福利的损失，我国应继续坚持中间的汇率制度不变，只是汇率的弹性增强。

Chapter Seven

汇率制度选择与 经济发展水平①

第七章

---

① 相关研究成果已翻译成英文，投往国外期刊。

　　汇率制度选择是国际金融领域的重要议题之一，恰当的汇率制度可以提高本国的福利，促进本国的经济增长。我国的汇率制度改革主要经历了三个阶段：从 1994 年官方汇率与调剂汇率并轨，到 2005 年确定施行参考一篮子货币有管理的浮动汇率制度，再到 2015 年汇率中间价形成机制重大变革，人民币汇率向着更具弹性的方向发展。但是，现阶段人民币汇率的波动区间还只有 2%，人民币还处于窄幅波动阶段。2015 年 11 月公布的"十三五"规划明确提到"推进人民币汇率市场化改革，人民币将向更加弹性的方向发展"。这又一次把人民币汇率制度的改革提上了日程，并为其指明了方向。

　　回顾现有的汇率制度选择的研究成果，不难发现，从早期的蒙代尔、弗莱明与大恩布什构建的 Mundell – Fleming – Dornbusch 分析框架，代表性的研究如 Tumovsky（1976）、Flood（1979）、Weber（1981）、Flood 和 Marion（1982），到现代的具有微观基础的 Obsfeld 与 Rogoff 构建的新开放经济宏观经济学分析框架，代表性的研究如 Devereux 和 Engel（1998、1999）、Cespedes（2004）、Devereux（2006），对一国一定条件下固定与浮动汇率制度的选择进行了探讨，但其研究结果未涉及中间的汇率制度。考虑到我国汇率制度改革是一个渐进的过程，将从相对固定的中间汇率制度转变为浮动，其指导意义较弱。国内关于汇率制度选择的研究主要是改造国外的已有模型，或是选择不同的标准如经济增长、经济波动等进行实证检验，对我国的汇率制度选择做出了评判。代表性的研究有姚斌（2006、2007）、袁申国等（2011）、王博与刘澜飚（2012）等，但也多是讨论固定汇率制度与浮动汇率制度之争，对中间汇率制度则很少涉略。另外，近年来出现了一些关于汇率制度的实证研究，这些研究指出相对于固定汇率制度，浮动汇率制度有助于本国免受外部冲击的影响，代表性的研究有：Obstfeld et al（2005）、Klein 和 Shambaugh（2013）、Goldberg（2013）、Rey（2014）与 Obstfeld（2015）。Passari 和 Hey（2015）与 Obstfeld（2015）进一步指出浮动汇率制度的这种作用只适用于短期的情况，在长期，汇率制度的这种隔离作用会被减弱。这为我国的汇率制度改革奠定了一定的经验基础。

回顾汇率与经济发展的研究成果，从理论上新凯恩斯宏观经济学的传导途径，到 Bresser - Pereira（2006）汇率管理影响总储蓄，再到 Gala（2008）提出的长期实际汇率影响资本积累与技术升级而短期影响实际工资与利润从而影响到经济增长，到实证上 Acemoglu et al（2002）与 Popov 和 Polterovich（2004）关于低估或高估汇率对经济增长的计量检验，都表明汇率决定经济发展，那么相应地，一国的经济发展水平是否也反过来决定着汇率制度的选择？同时，关于一国的汇率制度的选择，Poirson（2001）曾给出较为全面的答案，通过对 93 个国家的实证研究，发现一国的汇率制度选择取决于一国的 GDP 水平、面对外部冲击的脆弱性、通货膨胀率、产品多样性、资本流动、外汇储备水平、政局稳定。人均 GDP 即表征一国的经济发展水平，那么经济发展水平如何决定着汇率制度的选择？上述的研究成果均未涉及该两个问题。但该两个问题的研究具有重要的意义，不但可以丰富汇率制度的选择理论，而且有助于指导我国汇率制度改革的实践。

随着改革开放的不断深入，我国已从贫穷落后的发展中国家成长为经济增长迅猛的新兴市场经济体，经济总量有了显著的提高。2015年我国 GDP 已经达到 113 830. 3 亿美元，现已跃升为世界上仅次于美国的第二大经济体，人民的生活水平有了显著的提高。现有的经济发展水平要求怎样的汇率制度与之相适应，事关每位国人的福祉。

关于汇率制度与经济发展水平的研究成果为数不多，主要有：Rogoff et al（2003）通过数据分析指出，发达的经济体多选择相对浮动的汇率制度，落后的经济体多选择相对固定的汇率制度，但随着落后经济体的发展，这些国家因汇率趋向相对浮动而受益；国内黄海洲（2005）研究汇率制度与经济增长和丁志杰与李庆（2016）研究中等收入国家汇率制度选择时也通过简单的数据分析得到汇率制度选择取决于经济发展水平的结论。

Ghost（2014）在实证分析发达国家、新兴市场国家与低收入国家汇率制度选择时统计了下表，他通过计量分析得到经济发展水平提高促使新兴市场国家选择固定汇率制度且对发达国家与低收入国家作用不显著的结论。但是，如果我们统计分析三种收入水平国家的汇率制度选择，我们还是可以看出经济发展水平对汇率制度选择的影响。如表7.1.1所示。

表 7.1.1　　　　　　　　　137 个国家汇率制度选择分布

	FS	AEs	EMs	LICs	FS	AEs	EMs	LICs	FS	AEs	EMs	LICs
	1999				2005				2007			
Flexible regimes	61	15	23	23	67	15	28	24	60	17	27	16
Intermediate regimes	15	3	8	4	8	3	3	2	12	2	6	4
Fixed regimes	59	3	30	26	62	3	31	28	65	2	29	34
Number of nations	135	21	61	53	137	21	62	54	137	21	62	54
	2008				2009				2010			
Flexible regimes	57	17	26	14	50	17	21	12	49	17	19	13
Intermediate regimes	36	1	17	18	41	1	21	19	44	1	24	19
Fixed regimes	44	3	19	22	46	3	20	23	44	3	19	22
Number of nations	137	21	62	54	137	21	62	54	137	21	62	54
	2011											
Flexible regimes	50	16	21	13								
Intermediate regimes	43	2	22	19								
Fixed regimes	44	3	19	22								
Number of nations	137	21	62	54								

首先，我们看发达国家的汇率制度选择，通过几年数据的比较，不难发现，选择浮动汇率制度的国家数目比较稳定，且绝对占优。以2011 年为例，21 个发达国家中有 16 个选择浮动汇率制度，占比达到76%。其次，我们看新兴市场国家的汇率制度选择：选择浮动汇率制度的国家先由 1999 年的 23 个上升到 2007 年的 27 个，后又出现下降 2011

年为 21 个，但总体相对稳定；选择固定汇率制度的国家则从 1999 年的
30 个逐渐下降到 2011 年的 19 个，选择固定汇率制度的占比也从 49%
下降到 30%；而选择中间制度的国家则是大幅增加，从 1999 年的 8 个
上升到 2011 年的 22 个，数目增加了近 2 倍，占比由 13% 上升到 35%。
因此，总体上新兴市场国家的汇率制度选择有趋向于相对浮动的趋势。
最后看低收入国家，选择浮动汇率制度的国家逐渐下降，从 1999 年的
23 个下降到 2011 年的 13 个，选择中间汇率制度的国家从 4 个上升到
19 个，而选择固定汇率制度的国家则保持相对稳定。以 2011 年为例，
54 个低收入国家的汇率制度选择，浮动汇率制度占比为 24%，中间汇
率制度占比为 35%，固定汇率制度占比为 40%，固定汇率制度略占优，
但三种汇率制度选择较均衡。1999 年至 2011 年新兴市场国家与低收入
国家选择中间汇率制度的国家均有所增加，但是新兴市场国家选择相
对浮动的国家要高于低收入国家，以 2011 年为例，新兴市场国家选择
相对浮动汇率制度的占比为 69%，而不发达国家选择相对浮动汇率制
度的占比为 59%，高了 10 个百分点。因此，与不发达国家相比，新兴
市场国家的汇率制度选择更趋于浮动。

如果假设汇率制度的选择是各个国家不断实践而做出的理性选择，
那么通过 137 个样本对三种收入水平国家即发达国家、新兴市场国家与
不发达国家的汇率制度选择的比较，我们大致可以得到以下结论：经济
发展水平高的国家通常选择浮动汇率制度，新兴市场国家汇率制度选
择倾向于相对浮动，而低收入国家汇率制度选择的特征则不太明显。如
果把三种收入国家看作一个国家动态发展过程中的不同阶段，是否意
味着随着经济发展水平的提高，一国应不断地提高其汇率的弹性与之
适应？

鉴于该问题理论上的研究成果还比较稀少，本章就是想弥补现有
研究的不足，利用开放型新凯恩斯模型，通过数值模拟与福利分析，从
理论上探讨一国的汇率制度如何与本国的经济发展水平相匹配。具体

而言，本章的可能创新主要有两点：一是拓展原有开放型的新凯恩斯模型，即通过引入汇率波动方程，构造适用于分析汇率制度与经济发展水平的新动态系统；二是量化汇率制度与经济发展水平，将其引入拓展的新凯恩斯模型，通过数值模拟与福利分析确定二者的最优匹配。

第一节　新凯恩斯模型中汇率制度与经济发展水平的引入

下面，我们在第二章新凯恩斯基本模型的基本框架下，引入汇率制度与经济发展水平因素，构造新的动态系统，进行数值模拟，得到不同汇率制度与不同经济发展水平下产出波动、通货膨胀率与汇率变动的动态变化，然后进行福利分析，计算不同经济发展水平与不同汇率制度下的福利损失情况，通过比较得到定性结论。

（一）产出波动的动态方程

本国总产出定义为 $Y_t = \left[\int_0^1 Y_t(j)^{\frac{\varepsilon-1}{\varepsilon}} \mathrm{d}j \right]^{\frac{\varepsilon}{\varepsilon-1}}$，本国商品市场出清有

$$Y_t = (1-\alpha)\left(\frac{P_{H,t}}{P_t}\right)^{-\eta} C_t + \alpha\left(\frac{P_{H,t}}{e_t P_t^*}\right)^{-\eta} C_t^* \qquad (7.1.1)$$

假定外国的消费与价格保持不变，对式（7.1.1）进行对数线性化，得到

$$y_t = z c_t + z^* \eta e_t \qquad (7.1.2)$$

其中，$z = (1-\alpha)\left(\dfrac{\overline{P_{H,t}}}{\overline{P_t}}\right)^{-\eta}\dfrac{\overline{C_t}}{\overline{Y}}$，$z^* = \alpha\left(\dfrac{\overline{P_{H,t}}}{\overline{e_t P_t^*}}\right)^{-\eta}\dfrac{\overline{C_t^*}}{\overline{Y}}$，变量上加横表示稳态值。$z^*$ 表示为外国人均消费与本国人均产出的比，其大小反映了本国经济发展水平。经济发展水平的定义为一国的人均产出，考虑到人均消费等于人均产出乘以一国的边际消费倾向，因此，z^* 可以用来表示国家

间的相对经济发展水平,越大表示本国的经济发展水平较低,反之则较高。

产出 y_t 对稳态偏离的动态方程表示为

$$\tilde{y}_t = \tilde{y}_{t+1} + \frac{z}{\sigma}(1 - \alpha)\pi_{H,t+1} - \left[z^*\eta + \frac{z}{\sigma}(1 - \alpha)\right]\Delta e_{t+1}$$

$$+ \frac{z}{\sigma}\delta - \frac{z}{\sigma}x_t + (y_{t+1}^n - y_t^n) \tag{7.1.3}$$

其中, $\tilde{y}_t = y_t - y_t^n$、$y_t^n$、$y_{t+1}^n$ 表示 t 期与 $t+1$ 期的自然产出水平,由外生条件如技术水平等决定。

(二) 通货膨胀率动态方程

通货膨胀率的动态方程为

$$(1 + \lambda\alpha)\pi_{H,t} = \beta\pi_{H,t+1} + \lambda\left(\frac{\sigma}{z} + \varphi\right)\bar{y}_t - \lambda\left(\sigma\frac{z^*}{z}\eta - \alpha\right)\Delta e_t$$

$$\tag{7.1.4}$$

(三) 货币市场动态方程

为了研究不同的汇率制度的影响,我们在货币政策利率规则中引入汇率的变动,

$$i_t = \gamma + \phi_\pi\pi_{H,t} + \phi_y\tilde{y}_t + \phi_e\Delta e_{t+1} + \nu_t \tag{7.1.5}$$

其中,截距项 γ 是为了保证一个零通胀的稳态, ϕ_π、ϕ_y 与 ϕ_e 为非负的系数, ϕ_e 表示货币当局对汇率变动的干预程度,其值较大对应相对固定的汇率制度,反映货币当局对汇率干预较强;反之,较小对应汇率的弹性较大,表示干预较弱;当为零时,对应完全浮动汇率制度,货币当局不再干预外汇市场。 ν_t 表示 t 期的外生扰动,是一均值为零的白噪声序列。根据利率平价条件可得货币市场动态方程为

$$\gamma + \phi_\pi\pi_{H,t} + \phi_y\tilde{y}_t + \phi_e\Delta e_{t+1} + \nu_t = i_t^* + \Delta e_{t+1} + x_t \tag{7.1.6}$$

由此，产出波动、通货膨胀率与汇率波动的动态方程构成了本模型的动态系统，当货币市场外生冲击为零时，系统保持在稳态，方程中产出波动、通货膨胀率与汇率变动为零，当货币市场外生冲击不为零时，外生冲击导致产出波动、通货膨胀率与汇率的变动。接下来我们将利用此新的动态系统进行数值模拟与福利分析，探讨不同经济发展水平下最优的汇率制度选择。

第二节 不同经济发展水平与汇率制度下的
脉冲响应

下面，我们考虑货币市场外生冲击下，不同经济发展水平与不同汇率制度组合下产出波动、通货膨胀率与汇率变动的情况。表征经济发展水平的 z^* 值取 2、8 与 20，分别对应较高的经济发展水平、中等的经济发展水平与较低的经济发展水平；表征汇率制度选择的货币市场中汇率波动的系数 ϕ_e 值取 2、1 与 0，分别对应相对固定的汇率制度、相对浮动的汇率制度与完全浮动的汇率制度。

（一）相同经济发展水平不同汇率制度下的脉冲响应

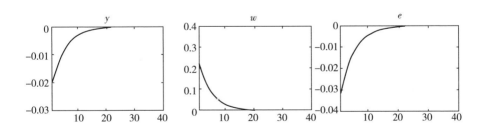

图 7.2.1 $z^* = 2$，$\Phi_e = 2$

图 7.2.1、图 7.2.2 与图 7.2.3 展示了在 0.1 的正向冲击下，经济发展水平较高为 2 相当于本国人均产出与外国人均产出近似相等时，不

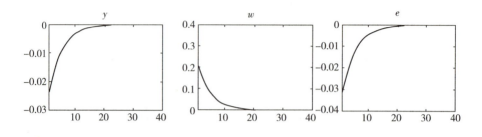

图 7.2.2 $z^* = 2$, $\Phi_e = 1$

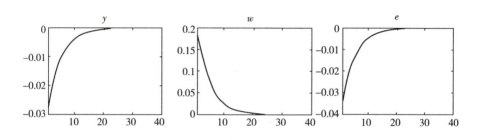

图 7.2.3 $z^* = 2$, $\Phi_e = 0$

同汇率制度 ϕ_e 分别取 2、1 与 0 下，产出、通货膨胀率与汇率的变动情况。从图中可以清晰看出，产出下降，通货膨胀率上升，汇率升值。但在不同的汇率制度下，产出、通货膨胀率与汇率的变动不同。通过比较不难看出，产出在相对固定汇率制度下为 0.020，相对浮动下为 0.023，浮动汇率制度下为 0.027，因此，随着汇率制度从相对固定转化为浮动，产出的波动升高；而通货膨胀率在此过程中的变动却恰恰相反，随着汇率制度从相对固定转化为浮动，通货膨胀率一路下行，从相对固定下的 0.22，下降到相对浮动下的 0.21，再到浮动汇率制度下的 0.18。汇率的变动逐渐增大，从相对固定下的 0.030，到相对浮动下的 0.031，再到浮动汇率制度下的 0.032。这是因为：货币市场的一个正向冲击，导致本国货币升值，汇率升值引起产出下降，汇率越为浮动，波动越大，相应的产出波动越大，汇率的升值造成通货膨胀率的上升，而产出的下降引起通货膨胀率下降，当产出的影响大于汇率的影响时，通货膨胀率降低。

　　综合以上结果可以大致得到结论，在一国的经济发展水平较高时，汇率制度从相对固定转化为浮动的过程中，产出与汇率的波动上升，而通货膨胀率波动下降。因此，当一国关注产出与汇率的波动，可选择相对固定的汇率制度；而如果一国关注通货膨胀的危害，则可选择相对浮动的汇率制度；如果同时关注产出与通货膨胀率，则可选择相对折中的汇率制度。

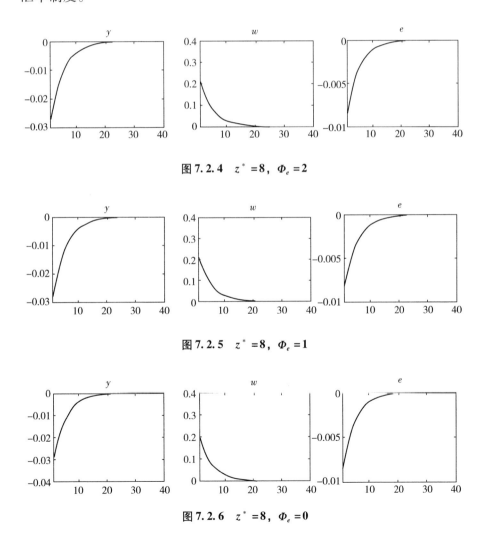

图 7.2.4　$z^* = 8$，$\Phi_e = 2$

图 7.2.5　$z^* = 8$，$\Phi_e = 1$

图 7.2.6　$z^* = 8$，$\Phi_e = 0$

图7.2.4、图7.2.5 与图7.2.6展示了在0.1的正向外生冲击下，经济发展水平为8时，汇率制度分别取2、1与0下，产出、通货膨胀率与汇率的变动情况。从图中可以清晰看出，产出的波动从相对固定下的0.026，上升到相对浮动下的0.027，再到浮动汇率制度下的0.029；通货膨胀率从相对固定下的0.22，变化到相对浮动下的0.21，再到浮动汇率制度下的0.20；汇率从相对固定下的0.006，变化到相对浮动下的0.007，再到浮动下的0.008，因此在一定的经济发展水平下，汇率制度从相对固定转化为浮动的过程中，产出的波动上升，通货膨胀率下降，汇率波动上升，其原理与经济发展水平为2时一致。因此，可以得到与前文中相同的结论：当一国关注产出与汇率的波动，可选择相对固定的汇率制度；而如果一国关注通货膨胀的危害，则可选择相对浮动的汇率制度；如果同时关注产出与通货膨胀率，则可选择相对折中的汇率制度。

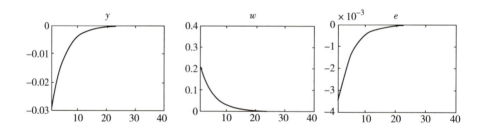

图 7.2.7 $z^* = 20$，$\Phi_e = 2$

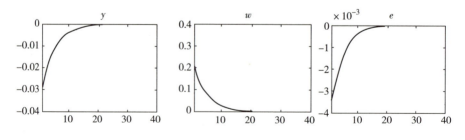

图 7.2.8 $z^* = 20$，$\Phi_e = 1$

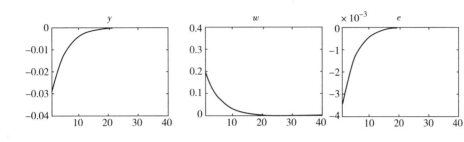

图 7.2.9　$z^* = 20$，$\Phi_e = 0$

　　图 7.2.7、图 7.2.8 与图 7.2.9 展示了在 0.1 的正向冲击下，经济发展水平为 20，不同汇率制度分别取 2、1 与 0 的条件下，产出、通货膨胀率与汇率的变动情况。在三种不同的汇率制度下，产出波动从相对固定下的 0.028 变化到相对浮动下的 0.029，浮动汇率制度下保持在 0.029，通货膨胀率波动保持在 0.22，而汇率波动稍有增加。其原理与经济发展水平为 2 时一致。同时不难发现，随着汇率制度从固定转化为浮动，产出、通货膨胀率与汇率的变动已经不明显。这表明在经济发展水平较低时，汇率制度的选择已经显得不太重要了。这是因为：经济发展水平滞后，汇率波动将会对产出波动造成较大影响，央行货币政策中含有产出波动，因此央行稳定产出实际上抑制了汇率的波动。由于本国的经济发展水平落后（z^* 较大），增加了汇率对产出的影响，这种抑制的作用表现得就越强，而货币政策目标中抑制汇率波动的因素与之相比已显得不太重要。

　　通过比较三种经济发展水平下汇率与产出的波动不难发现，随着经济发展水平的降低，汇率的波动降低，而产出的波动没有明显降低。那么，为什么经济发展水平滞后，汇率的波动降低呢？而产出的波动没有明显地降低呢？这是因为，外生冲击导致汇率升值，汇率升值造成产出波动，如前文所述，货币政策中稳定产出波动的目标抑制了汇率的波动，在经济发展水平滞后时，汇率的波动引起产出较大的波动，这种抑制的作用表现得越强，汇率的波动降低；但是由于本国的经济发展水平较低（z^*较大），汇率的小幅变动就会引起产出的较大变动，因此，产出的波动也可能增加。

综合以上，相同经济发展水平不同汇率制度下产出、通货膨胀率与汇率的波动情况，可以得到结论：从相对固定转化为浮动汇率制度的过程中，产出的波动升高，通货膨胀率波动下降，汇率波动加大。当一国关注产出与汇率的波动，可选择相对固定的汇率制度；而如果一国关注通货膨胀的危害，可选择相对浮动的汇率制度；如果同时关注产出与通货膨胀率，则可选择相对折中的汇率制度。但是，当经济发展水平较低时，这种汇率制度的作用相对变弱。

（二）相同汇率制度不同经济发展水平下的脉冲响应

图 7.2.3、图 7.2.6 与图 7.2.9 展示了在浮动汇率制度与不同经济发展水平分别取 2、8 与 20 的情况下，产出、通货膨胀率与汇率的变动情况。通过比较不难看出，在 0.1 的外生冲击下，产出从经济发展水平较低时的 0.027，变化到经济发展水平较高的 0.028，经济发展水平更低时保持在 0.028；通货膨胀率从经济发展水平较低的 0.18，变化到经济发展水平较高的 0.20，经济发展水平更低时几乎保持 0.20 不变。汇率的波动则由经济发展水平较高时的 0.032，变动到经济发展水平较低时的 0.008，再到经济发展水平更低时的 0.0034。其中的原理是：外生冲击导致汇率升值，汇率升值引发产出波动，由于本国政府货币政策中具有稳定产出的作用，因此间接抑制了汇率的波动，尤其是在经济发展水平滞后，汇率波动对产出影响较大的情况下尤为如此，产出在汇率变动与经济发展水平降低两种作用的合成效果下表现为波动上升，通货膨胀率在产出与汇率变动的合成效果下表现为上升。由此可以大致得到结论：在浮动汇率制度下，产出与通货膨胀率随着经济发展水平的提高波动降低；而汇率的波动随着经济发展水平的提高而增大。引言中提到，在浮动汇率制度下，汇率的大幅调整降低了产出与通货膨胀率的波

动,抵御了外部冲击对本国的影响,本章结果进一步表明在经济发展水平较高的阶段这种抵御作用会更加明显。

图7.2.2、图7.2.5与图7.2.8展示了相对浮动汇率制度与不同经济发展水平下产出、通货膨胀率与汇率在0.1正向外生冲击下的变动情况。产出从经济发展水平较低时的0.023,变到经济发展水平相对较高时的0.028,最后到经济发展水平更高时的0.029;而通货膨胀率一直保持在0.20不变;汇率则从经济发展水平较高时的0.032,变动到经济发展水平较低时的0.008,再到经济发展水平更低时的0.0034,这与上文中浮动汇率制度下原理基本相同。因此可以大致得到与前文中相同的结论,在相对浮动汇率制度下,随着经济发展水平的提高,产出的波动降低,通货膨胀率近似保持不变,汇率的波动上升。从中同样看出汇率对外生冲击的抵御作用。

图7.2.1、图7.2.4与图7.2.7展示了相对固定汇率制度与不同经济发展水平下,产出、通货膨胀率与汇率的变动情况。通过与前文中相同的比较不难看出:产出随着经济发展水平的提高波动降低;通货膨胀率随着经济发展水平的上升变化不太明显;汇率的波动与前文中相同,随着经济发展水平的上升而增加。其原理与上文中浮动汇率制度下原理基本相同。

综合以上,在相同汇率制度与不同经济发展水平下数值模拟的结果可以看出:产出随着经济发展水平的提高波动降低;通货膨胀率随经济发展水平的提高而降低,汇率随着经济发展水平的提高波动加强,表明汇率有效地抵御了外部冲击的影响,而且在经济发展水平较高时这种抵御作用更加明显。

第三节 不同汇率制度与经济发展水平下的福利分析

上面利用数值模拟分析了不同经济发展水平与不同汇率制度下,

产出、通货膨胀率与汇率的变动情况。下面利用福利分析法，研究在不同经济发展水平与汇率制度下的福利损失情况，从而得到汇率制度与经济发展水平之间的最优匹配关系。ϕ_e 的变化范围为 $0 \sim 4$，以 0.5 为间距，经济发展水平的值为 $2 \sim 40$，以 2 为间距。我们分两种情况对福利进行分析：一种是持续性攻击，x_t 自回归系数 a 取 0.8；另一种是暂时性攻击，x_t 自回归系数 a 取 0.2。利用 Woodford（2003）的方法，我们得到代表性个体每一期福利损失函数[①]为

$$L = (1 + \phi)\operatorname{var}(\bar{y_t}) + \frac{\varepsilon}{\lambda}\operatorname{var}(\pi_{H,t}) \qquad (7.3.1)$$

下面，我们分别计算持续性冲击下和暂时性冲击下不同经济发展水平与不同的汇率制度组合下福利损失的数据，通过比较得到经济发展水平提高条件下最优的汇率制度选择。

（一）货币市场持续性攻击下的福利分析

表 7.3.1　　　　　　　　　　持续性冲击下的福利损失

z^* \ ϕ_e	0	0.5	1	1.5	2	2.5	3	3.5	4
2	2.9186	3.1866	3.4585	3.7337	4.0114	4.2912	4.5724	4.8547	5.1375
4	3.2038	3.3433	3.4837	3.625	3.7671	3.9099	4.0532	4.1971	4.3414
6	3.3038	3.3981	3.4927	3.5878	3.6832	3.7789	3.875	3.9713	4.0679
8	3.3548	3.4259	3.4973	3.5689	3.6408	3.7128	3.785	3.8574	3.9299
10	3.3857	3.4428	3.5001	3.5576	3.6152	3.6729	3.7307	3.7887	3.8467
12	3.4064	3.4542	3.502	3.55	3.598	3.6462	3.6944	3.7427	3.7912
14	3.4213	3.4623	3.5034	3.5446	3.5858	3.6271	3.6685	3.7099	3.7514
16	3.4325	3.4684	3.5044	3.5405	3.5766	3.6127	3.6489	3.6852	3.7215
18	3.4412	3.4732	3.5052	3.5373	3.5694	3.6016	3.6337	3.666	3.6983
20	3.4482	3.477	3.5059	3.5347	3.5637	3.5926	3.6216	3.6506	3.6796
22	3.4539	3.4801	3.5064	3.5327	3.5589	3.5853	3.6116	3.638	3.6644

[①]　此损失函数从效用函数推得，具体推导方法可参见 Woodford（2003）与 gali（2005）。

z^* ＼ ϕ_e	0	0.5	1	1.5	2	2.5	3	3.5	4
24	3.4587	3.4828	3.5068	3.5309	3.555	3.5792	3.6033	3.6275	3.6517
26	3.4628	3.485	3.5072	3.5294	3.5517	3.574	3.5963	3.6186	3.641
28	3.4663	3.4869	3.5075	3.5282	3.5489	3.5695	3.5903	3.611	3.6317
30	3.4693	3.4885	3.5078	3.5271	3.5464	3.5657	3.585	3.6044	3.6237
32	3.4719	3.49	3.508	3.5261	3.5442	3.5623	3.5805	3.5986	3.6168
34	3.4742	3.4912	3.5082	3.5253	3.5423	3.5594	3.5764	3.5935	3.6106
36	3.4763	3.4924	3.5084	3.5245	3.5406	3.5567	3.5728	3.589	3.6051
38	3.4782	3.4934	3.5086	3.5238	3.5391	3.5544	3.5696	3.5849	3.6002
40	3.4798	3.4943	3.5088	3.5232	3.5377	3.5522	3.5667	3.5812	3.5958

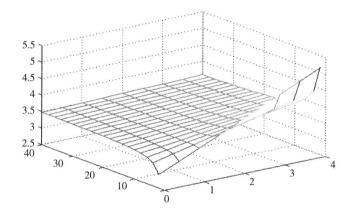

图 7.3.1　持续性冲击下的福利损失

表 7.3.1 与图 7.3.1 展示了持续性冲击下的福利损失情况。从横向看，表 7.3.1 与图 7.3.1 展示了在一定的经济发展水平与不同汇率制度下的福利损失情况。从中不难看出，在一定的经济发展水平下，福利损失随着汇率制度从相对固定转化为浮动而降低。这与前文中数值模拟的结果是一致的，由于汇率的弹性增加，汇率的波动可以抵消外部冲击对经济体的影响。但同时不难发现，这种效应随着经济发展水平的提高

有所增强，在经济发展水平较低的阶段，这种效应变弱。以经济发展水平较低取 40 与经济发展水平较高取 2 为例，在汇率制度从相对固定汇率取 4 到浮动汇率取 0 的过程中，经济发展水平较低取 40 时福利损失从 3.60 变化到 3.48，降低了 0.12，而在经济发展水平较高取 2 时，福利损失从 5.14 下降到 2.92，下降了将近 1 倍。由此可以大致得到结论：在一定的经济发展水平下，实行相对浮动汇率制度有助于本国福利的提高①，这种提高在经济发展水平较高时尤为明显。

从纵向看，表 7.3.1 与图 7.3.1 展示了在一定的汇率制度与不同经济发展水平下的福利损失情况。通过比较不难发现，在相对固定汇率制度 ϕ_e 取 1.5~4 阶段，福利损失随着经济发展水平的提高而上升，且汇率相对越固定，福利损失上升得越多。以汇率系数 ϕ_e 取 4 与 1.5 为例，在经济发展水平取 40 时，两种相对固定汇率制度的福利损失分别为 3.60 与 3.52，而在经济发展水平较高取 2 时，两种相对固定汇率制度下的福利损失分别为 5.14 与 3.73，福利损失分别上升了 1.54 与 0.21。因此可以得到结论：相对固定的汇率制度随着经济发展水平的提高会增加本国的福利损失，且在越为固定的情况下，这种福利损失越为明显。在相对浮动的汇率制度 ϕ_e 取 0~1 阶段，福利损失随着经济发展水平的提高而降低且这种降低随着汇率制度更趋向于浮动而变得更为明显。以汇率制度分别为 1 与 0 为例，在经济发展水平较低取 40 时福利损失分别为 3.51 与 3.48，在经济发展水平较高取 2 时福利损失分别为 3.19 与 2.92，分别下降了 0.32 与 0.56。因此可以大致得到结论：在相对浮动的汇率制度下，福利损失随着经济发展水平的提高而降低，且随着汇率弹性的增加，这种降低更为明显。

---

① 注意，这个结论是只考虑货币市场外生冲击得到的，如果多种冲击存在，结论可能并不一致。

（二）货币市场暂时性冲击下的福利分析

表 7.3.2　　　　　　　　　暂时性冲击下的福利损失

z^* ＼ ϕ_e	0	0.5	1	1.5	2	2.5	3	3.5	4
2	1.3555	1.4119	1.4701	1.5301	1.592	1.6558	1.7215	1.7893	1.859
4	1.4228	1.4514	1.4804	1.5099	1.5399	1.5702	1.6011	1.6324	1.664
6	1.4454	1.4645	1.4839	1.5034	1.5232	1.5431	1.5632	1.5836	1.604
8	1.4567	1.4711	1.4856	1.5002	1.5149	1.5298	1.5447	1.5598	1.575
10	1.4635	1.475	1.4866	1.4983	1.51	1.5219	1.5337	1.5457	1.558
12	1.468	1.4777	1.4873	1.497	1.5068	1.5166	1.5265	1.5364	1.546
14	1.4713	1.4795	1.4878	1.4961	1.5045	1.5129	1.5213	1.5298	1.538
16	1.4737	1.4809	1.4882	1.4955	1.5028	1.5101	1.5174	1.5248	1.532
18	1.4756	1.482	1.4885	1.4949	1.5014	1.5079	1.5144	1.521	1.528
20	1.4771	1.4829	1.4887	1.4945	1.5003	1.5062	1.5121	1.5179	1.524
22	1.4784	1.4836	1.4889	1.4942	1.4995	1.5048	1.5101	1.5154	1.521
24	1.4794	1.4842	1.489	1.4939	1.4987	1.5036	1.5085	1.5134	1.518
26	1.4803	1.4847	1.4892	1.4936	1.4981	1.5026	1.5071	1.5116	1.516
28	1.481	1.4851	1.4893	1.4934	1.4976	1.5018	1.5059	1.5101	1.514
30	1.4817	1.4855	1.4894	1.4932	1.4971	1.501	1.5049	1.5088	1.513
32	1.4822	1.4858	1.4895	1.4931	1.4967	1.5004	1.504	1.5077	1.511
34	1.4827	1.4861	1.4895	1.493	1.4964	1.4998	1.5032	1.5067	1.51
36	1.4832	1.4864	1.4896	1.4928	1.4961	1.4993	1.5025	1.5058	1.509
38	1.4836	1.4866	1.4897	1.4927	1.4958	1.4988	1.5019	1.505	1.508
40	1.4839	1.4868	1.4897	1.4926	1.4955	1.4984	1.5014	1.5043	1.507

表 7.3.2 与图 7.3.2 展示了暂时性冲击下的福利损失情况。从横向看，表 7.3.2 与图 7.3.2 展示了在一定的经济发展水平与不同汇率制度下的福利损失情况。从中不难看出，在一定的经济发展水平下，福利损失随着汇率制度从相对固定转化为浮动而降低。同时不难发现，这种效应随着经济发展水平提高有所增强，在经济发展水平较低的阶段，这种效应变弱。由此可以大致得到结论：在一定的经济发展水平下，实行浮

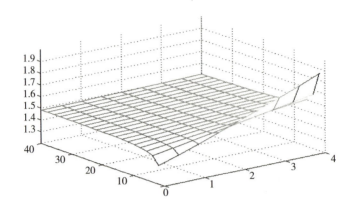

图 7.3.2　暂时性冲击下的福利损失

动汇率制度有助于本国福利的提高，这种提高在经济发展水平较高时尤为明显。

　　从纵向看，表 7.3.2 与图 7.3.2 展示了在一定的汇率制度与不同经济发展水平下福利的损失情况。通过比较不难发现，在相对固定的汇率制度下 ϕ_e 取 1.5 ~ 4 阶段，福利损失随着经济发展水平的提高而上升，且汇率相对越固定，福利损失上升得越快。因此可以得到结论：相对固定的汇率制度随着经济发展水平的提高会增加本国的福利损失，且在越为固定的情况下，这种福利损失越为明显。在相对浮动的汇率制度 ϕ_e 取 0 ~ 1 阶段，福利损失随着经济发展水平的提高而降低，且这种降低随着汇率制度更趋向于浮动而变得更为明显。因此可以大致得到结论，在相对浮动的汇率制度下，福利损失随着经济发展水平的提高而降低，且随着汇率弹性的增加，这种降低更为明显。

　　（三）两种冲击下的福利损失比较

　　比较表 7.3.1 与表 7.3.2 和图 7.3.1 与图 7.3.2，不难发现，两者遵从相同的规律，但在相同的经济发展水平与相同的汇率制度下，持续性外生冲击下的福利损失要大于暂时性冲击下的福利损失。因此可以得到结论：当一国货币市场受到的是暂时性冲击福利损失相对小些；当本国面对持续性冲击，福利损失相对更大些。

第四节 汇率制度选择经验分析

下面，我们利用20国集团（G20）的汇率制度选择与经济发展水平的数据进行经验分析，试图为前文所得结论提供经验支撑。之所以选择20国集团作为研究对象，其基本考虑如下：20国集团成员涵盖面广，既包括先进的发达国家又包括相对落后的发展中国家；且代表性强，该集团的GDP占全球经济的90%，贸易额占全球的80%。我们利用丁志杰与李庆（2016）的方法对各种汇率制度进行赋值如表7.4.1所示；然后分别利用各个国家或地区的经济总量GDP除以各个国家或地区的总人口，得到各个国家或地区的经济发展水平，得到的数据如表7.4.2所示；再利用表7.4.1与表7.4.2得到图7.4.1，即描述汇率制度选择与经济发展水平之间的关系。

表7.4.1　　　　　　　　　　汇率制度赋值

（2008—2014）分类	赋值	（2008—2014）分类	赋值
无单独法定货币 NS	1	准爬行盯住 CLA	4.5
货币局安排 CBA	2	水平区间盯住 HB	5
传统盯住 CPA	3	其他有管理汇率 OMA	6
稳定化安排 SA	3.5	有管理浮动 MF	7
爬行盯住 CP	4	自由浮动 FF	8

表7.4.2　　　　　　　　G20 汇率制度与经济发展水平

国家	汇率制度	人均产出（千美元）	国家	汇率制度	人均产出（千美元）
阿根廷	4.5	12.77429	加拿大	8	50.25146
巴西	7	11.92075	法国	8	44.28882
中国	4.5	7.625793	德国	8	47.71592
印度	7	1.600851	意大利	8	35.23908

续表

国家	汇率制度	人均产出 （千美元）	国家	汇率制度	人均产出 （千美元）
印度尼西亚	7	3.531803	日本	8	36.15605
墨西哥	8	10.35084	英国	8	46.31314
俄罗斯	6	13.87299	美国	8	54.36053
沙特阿拉伯	3	24.49893	澳大利亚	8	61.06339
南非	7	6.483797	韩国	7	27.97047
土耳其	7	10.38103	欧盟	8	34.09927

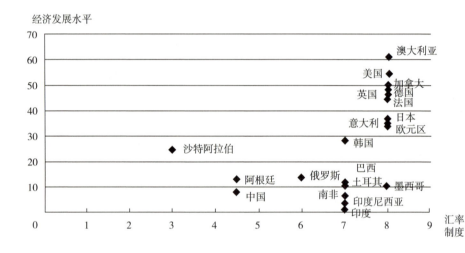

数据来源：IMF 的 AREAER 数据库与世界经济展望数据库。

图 7.4.1　汇率制度与经济发展水平的关系

从表 7.4.2 与图 7.4.1 可以清晰看出，以美国为首的发达国家或地区其人均产出高，均选择自由浮动的汇率制度。这与本章的结论之一随着一国经济发展水平的提高，相对固定的汇率制度会造成本国福利下降，故应选择相对浮动的汇率制度是一致的。相对较为落后的经济体如印度与印度尼西亚其人均产出分别只有 1 600 美元与 3 530 美元，但其选择了相对浮动的管理浮动汇率制度。这与本章的结论也是一致的，即使一国的经济发展水平较低，相对浮动的汇率制度也有助于本国福利的提高。从 20 国集团总体看，其汇率制度的选择倾向于相对浮动，这也验证了上面浮动汇率制度有助于本国福利提高的结论。目前，我国的人均产出为 7 630 美元，实行的还是相对固定的准爬行盯住汇率制度，与我国人均产出比较接近的南非实行的则是有管理的浮动汇率制度。依据本章结论，经济发展水平较高时相对固定的汇率制度会增加本国的福利损失，因此，我国迫切需要对人民币汇率制度进行改革，人民币汇率应该向更具弹性的方向发展。

第五节　本章小结

随着改革开放的进一步深入，我国已跃升为世界第二大经济体，经济发展水平显著提高，而人民币汇率还处于窄幅波动阶段，那么人民币汇率制度应如何与我国的经济发展水平相适应，是一个迫切需要解决的问题。本章构造开放型新凯恩斯模型，结合经济发展水平，探讨了一国汇率制度的选择。通过数值模拟与福利分析，主要得到以下两个结论：（1）在一定的经济发展水平下，实行相对浮动汇率制度有助于本国福利的提高，这种提高在经济发展水平较高时尤为明显；（2）相对固定的汇率制度随着经济发展水平的提高会增加本国的福利损失，且在越为固定的情况下，这种福利损失越为明显；与此相反，相对浮动的汇率制度下，福利损失随着经济发展水平的提高而降低，且随着汇率弹性的增加，这种降低更为明显。最后还通过对 20 国集团汇率制度与经济发展水平进行数据分析，验证了上述得到的结论。

改革开放前期，我国的经济发展水平较低，国民经济相对落后，实行的是官方汇率与调剂汇率并存的双汇率制度；1994 年，官方汇率与调剂汇率并轨，实行的是单一盯住美元的汇率制度；随着经济发展水平的提高，2005 年进一步进行汇率制度改革，实行的是参考一篮子有管理的浮动汇率制度，但汇率的波动区间只有 0.5%；随着经济的进一步增长，2014年，汇率的波动区间扩大到2%。人民币汇率被IMF认为是准爬行盯住，还处于相对固定的水平。但是，当前我国已跃升为世界第二大经济体，经济发展水平有了显著地提高，人均产出已达到7 630美元。依照得到的结论，经济发展水平较高阶段相对固定的汇率制度势必会造成本国的福利损失，且随着经济发展水平的提高，这种福利损失会有所增强。因此，我国迫切需要对人民币汇率制度进行改革，人民币汇率应该向着更加灵活的方向发展。当然，如前文所述，汇率制度的选择需要考虑多个因素，尤其是我国的金融发展水平落后，外汇市场不完善，外汇避险工具匮乏，对于当前我国出口导向型的经济，汇率的波动增加会造成产出的波动增加，但是，遵从有需求才会有供给理论，我们应看到汇率弹性的增加也会进一步促进外汇市场的发展。因此，过分地夸大这种潜在的风险是不可取的，我国应稳步地推进汇率市场化改革，本章的研究对我国汇率制度改革具有一定的参考价值。

Chapter Eight

汇率制度选择与
金融发展速度① 第八章

汇率制度的选择一直是国际金融领域的重点问题之一。从早期的固定与浮动之争如 Tumovsky（1976）、Flood（1979）、Weber（1981）与 Flood 和 Marion（1982）等，到"原罪"论的提出，如 Eiehengreen 和 Hausmann（1999）与 Hausmann（2000）等，再到汇率制度"两极论"的提出如 Eiehengreen（1994）、Obstfeld 和 Rogoff（1995）与 Fiseher（2001）等，直至 Frankel（1999）盖棺定论式的结论"没有一种汇率制度适合于所有国家与所有时期"，汇率制度的选择一直吸引着众多学者的目光。近年来，Obstfeld et al（2005）、Klein 和 Shambaugh（2013）、Goldberg（2013）、Rey（2014）与 Obstfeld（2015）等的研究又为这一探讨提供了有益的补充，通过理论论证与实证研究，他们发现浮动汇率制度与固定汇率制度相比，可以使本国免受外部金融冲击与货币冲击的影响，而且，Passari 和 Hey（2015）与 Obstfeld（2015）进一步指出浮动汇率制度的这种作用只适用于短期的情况，在长期，浮动汇率制度不能起到这种隔离的作用。纵观我国的汇率制度改革，从 1994 年官方汇率与调剂汇率并轨，到 2005 年参考一篮子货币有管理的浮动汇率制度的确立，再到 2015 年汇率中间价形成机制的重大变革，人民币汇率改革不断深入，但是当前人民币汇率的波动区间只有 2%，2015 年，IMF 把人民币汇率定位为爬行盯住。

自从 1978 年改革开放以来，我国的金融体系处于不断的成长与变革之中，从 1984 年中央银行的成立，到 1992 年股票市场的推出，再到 1996 年全国统一银行间同业拆借市场的成立，直至 2006 年国有商业银行的股份制改造，同时伴随着证监会、保监会与银监会的成立，我国现已建成了完备的现代金融体系。同时，我们应注意到，由于我国的金融深度有限，体制与机制设置得不完善，我国的金融发展水平还有待进一步提高。

2015 年 10 月公布的"十三五"规划中明确表示"推进汇率和利率市场化，提高金融机构管理水平和服务质量，降低企业融资成本"。作为未来五年的行动纲领性文件，这又一次把我国的汇率制度与金融系统的改革提上了日程，并为其指明了方向。那么就产生了一个问题，汇率制度改革与金融体系改革同时进行是否相矛盾？两项改革如何相匹配才能实现本国福利最优？该问题的研究不但可以丰富汇率制度选择理论，而且可以有效地指导我国汇率制度改革的实践，因此具有重要意义。这正是本章试图回答的问题。

关于汇率制度与金融发展水平的探讨由来已久，但相关的研究成果并不多。早期的观点认为，如果一国的金融发展水平较低，其衍生产品市场不发达，国内厂商很难通过本国的金融市场规避汇率风险，因此本国应该实行较为固定的汇率制度。Aizenman 和 Hausmann（2000）分析了本国资本市场与全球金融市场分离，厂商利用信贷为生产活动融资的情况，得到本国金融市场与全球金融市场越分割，本国越应实行相对固定的汇率制度，因为汇率的稳定可以降低厂商所面对的实际利率。Aghion etal（2009）构造了一个理论模型，分析汇率制度选择与金融发展水平之间的关系，模型假定厂商的借款能力与其当期的收入成正比，本国的金融发展水平越高，比例系数越大，而名义工资预先设定，如果本币升值，厂商的当期收入降低，可借资金数额降低，金融发展水平越低时，情况尤甚，严重影响下一期的产出，因此，当本国金融发展水平较低时，应实行相对固定的汇率制度。Slavtcheva（2015）构建模型分析了为什么金融发展水平影响汇率制度的选择，该模型指出，金融发展水平低的国家通常会面对高通胀与较高的银行储备，固定汇率制度可以降低通货膨胀率，通货膨胀率的降低可以降低银行高储备的成本，从而促进长期经济增长。

本章另辟蹊径，从厂商实际生产成本的高低反映本国的金融发展水平的角度引入金融发展水平变量，本国的金融发展水平提高，即表现为厂商的生产成本降低的过程。这样做是合理的：其一，金融发展水平落后，其直接原因是各种法规与制度不完善或未建立，导致逆向选择与道德风险横行，从而推高了企业的融资成本，随着金融发展水平的提高，逆向选择与道德风险降低，企业融资成本必然降低；其二，我国目前各种融资渠道还不畅通，以直接融资为例，其发展规模还比较小，且门槛较高，这直接造成了企业融资成本的上升，随着金融发展水平的提高，企业的融资成本必然降低。同时，本章在货币政策方程中引入汇率制度因素，来探讨汇率制度与金融发展速度的匹配。

第一节　新凯恩斯模型中汇率制度与金融发展速度的引入

下面，我们在第二章新凯恩斯模型的基础上引入汇率制度与金融发展速度概念，构造新的动态系统，用于下文中汇率制度与金融发展速度匹配问题脉冲响应与福利分析的研究。

（一）企业部门

企业的生产函数为柯布—道格拉斯形式

$$Y_t(j) = A_t K_t^{\gamma}(j) N_t^{1-\gamma}(j) \tag{8.1.1}$$

其中，A_t 为劳动生产率，$K(j)$ 为生产的资本投入，γ 为资本的弹性。资本自由流动下资本的价格即为本国利率 $1 + i_t$，由资本利用最优条件，产出又可表示为

$$Y_t(j) = \frac{\gamma^{\frac{\gamma}{1-\gamma}} A_t^{\frac{1}{1-\gamma}}}{(1 + i_t)^{\frac{\gamma}{1-\gamma}}} N_t(j) \tag{8.1.2}$$

由于本国的金融发展水平局限，企业获得资本的价格并不为 $1 + i_t$，而是比其要高，因此，我们在 $1 + i_t$ 的前面乘以系数 $1 + \tau_t$，τ_t 的大小反映本国金融发展水平，越小表示金融发展水平较高，反之则为较低。一国的金融发展进程可以用一个一阶自回归过程描述 $\tau_t = b\tau_{t-1} + u$，其中 b 为自回归的系数，$0 < b < 1$，越大表明本国金融发展速度较慢，反之

则为较快。ut 白噪声，表示金融发展提高过程中的操作噪声。

于是，实际边际成本可以表示为

$$mc_t = w_t - p_{H,t} - \frac{1}{1-\gamma}a_t + \frac{\gamma}{1-\gamma}(i_t + \tau_t) \qquad (8.1.3)$$

由此可见，企业的实际边际成本与本国利率和金融发展水平有关。

（二）产出动态方程

y_t 对稳态偏离的动态方程为

$$\tilde{y}_t = \tilde{y}_{t+1} + \frac{z}{\sigma}(1-\alpha)\pi_{H,t+1} - \left[z^*\eta + \frac{z}{\sigma}(1-\alpha)\right]\Delta e_{t+1}$$

$$+ \frac{z}{\sigma}\delta + (y_{t+1}^n - y_t^n) \qquad (8.1.4)$$

其中，$\tilde{y}_t = y_t - y_t^n$、$y_t^n$、$y_{t+1}^n$ 分别为 t 期与 $t+1$ 期的自然产出水平，由外生条件决定。

（三）通货膨胀动态方程

实际边际成本方程为

$$mc_t = w_t - p_t + p_t - p_{H,t} - \frac{1}{1-\gamma}a_t + \frac{\gamma}{1-\gamma}(i_t + \tau_t)$$

$$= \left(\frac{\sigma}{z} + \varphi\right)y_t - \sigma\frac{z^*}{z}\eta e_t + \alpha s_t - (1+\varphi)\frac{1}{1-\gamma}a_t$$

$$+ (1+\varphi)\frac{\gamma}{1-\gamma}(i_t + \tau_t) \qquad (8.1.5)$$

通货膨胀率的动态方程为

$$(1+\lambda\alpha)\pi_{H,t} = \beta\pi_{H,t+1} + \lambda\left(\frac{\sigma}{z} + \phi\right)\tilde{y}_t - \lambda\left(\sigma\frac{z^*}{z}\eta - \alpha\right)\Delta e_t$$

$$+ \lambda(1+\varphi)\frac{\gamma}{1-\gamma}(\Delta i_t + \Delta\tau_t) \qquad (8.1.6)$$

其中，$\Delta i_t = \Delta e_{t+1} - \Delta e_t$，$\Delta\tau_t = \frac{b-1}{b}\tau_t$。

（四）货币市场动态方程

本章在利率规则中引入汇率的变动以区分不同的汇率制度，并分两种情况进行讨论：一种是预期的利率规则；另一种是非预期的利率规则。

1. 预期的利率规则

预期的利率规则是货币政策对汇率预期的变动做出反应，其表达式为

$$i_t = \xi + \phi_\pi \pi_{H,t} + \phi_y \tilde{y}_t + \phi_e \Delta e_{t+1} + \nu_t \qquad (8.1.7)$$

其中，截距项 ξ 是为了保证一个零通胀的稳态，ϕ_π，ϕ_y，ϕ_e 为非负的系数，ϕ_e 反映货币当局对汇率的干预情况，越大表示货币当局对汇率的干预越强，对应相对固定汇率制度；反之，越小表示干预较弱，汇率的弹性较大；当为零时，对应完全浮动汇率制度。ν_t 表示 t 期的外生扰动，是一白噪声序列。于是，根据利率平价条件，预期的利率规则下货币市场动态方程为

$$\xi + \phi_\pi \pi_{H,t} + \phi_y \tilde{y}_t + \phi_e \Delta e_{t+1} + \nu_t = i_t^* + \Delta e_{t+1} \qquad (8.1.8)$$

2. 非预期的利率规则

非预期的利率规则是货币政策对汇率当期的变动做出反应，其表达式为

$$i_t = \xi + \phi_\pi \pi_{H,t} + \phi_y \tilde{y}_t + \phi_e \Delta e_t + \nu_t \qquad (8.1.9)$$

根据利率平价条件可得货币市场动态方程为

$$\xi + \phi_\pi \pi_{H,t} + \phi_y \tilde{y}_t + \phi_e \Delta e_t + \nu_t = i_t^* + \Delta e_{t+1} \qquad (8.1.10)$$

以上得到了引入汇率制度与金融发展速度的产出波动、通货膨胀率与汇率变动的动态方程，此三个方程构成新的动态系统。当本国金融体系不进行改革时，产出波动、通货膨胀率与汇率波动均为零；当本国金融体系发生变革时，产出波动、通货膨胀率与汇率波动将会发生变化。下面，我们将数值模拟不同汇率制度与金融发展速度组合下，金融

体系改革对产出波动、通货膨胀率与汇率波动的影响；然后构造福利函数，计算不同汇率制度与不同金融发展速度下福利的损失，比较得到定性的结论。

第二节　不同汇率制度与金融发展速度下的脉冲响应

下面，我们分别在预期的利率规则与非预期的利率规则下数值模拟不同汇率制度与金融发展速度组合下，金融体系改革对产出波动、通货膨胀率与汇率变动的影响。金融发展速度 a 的值取 0.8 与 0.4，分别对应较快的金融发展速度与较慢的金融发展速度；表征不同汇率制度 ϕ_e 的值取 0、1 与 2，分别对应浮动汇率制度、相对浮动汇率制度与相对固定汇率制度。

（一）预期利率规则下的脉冲响应

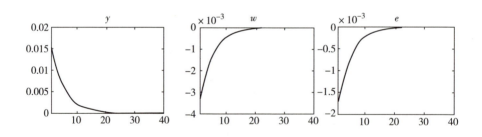

图 8.2.1　$a=0.8$，$\Phi_e=0$

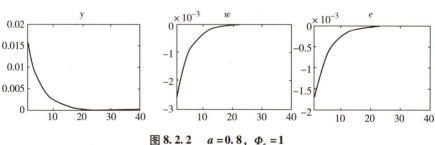

图 8.2.2　$a=0.8$，$\Phi_e=1$

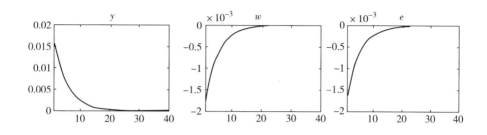

图 8.2.3　$a=0.8$，$\varPhi_e=2$

图 8.2.1、图 8.2.2 与图 8.2.3 展示了在金融发展障碍为 0.1 金融发展速度较慢为 0.8 货币政策中汇率变动系数 $\varPhi_e$ 分别取 0、1 与 2 下产出、通货膨胀率与汇率的变动情况。通过比较不难看出：产出波动随着汇率从浮动转化为相对固定而增加，从浮动汇率制度下的 0.015 上升到相对浮动下的 0.0155，再到相对固定下的 0.016；通货膨胀率的变动则更为明显，从浮动汇率制度下的 −0.0034，变化到相对浮动下的 −0.0026，再到相对固定下的 −0.0017，因此，随着汇率制度从浮动转化为相对固定通货膨胀率的波动降低；汇率在这一过程中则表现为波动下降，从浮动汇率制度下的 −0.0017 变动到相对浮动下的 −0.0016，再到相对固定下的 −0.00155，由此体现了本国的汇率干预作用。其中的原理为：随着本国金融发展水平的提高，本国企业的实际边际成本降低，从而导致本国的通货膨胀率降低，本国的通货膨胀率降低，本国的实际利率上升，外部资金流入导致本国货币升值，汇率升值引起产出波动上升，通货膨胀率下降引起产出波动下降，当汇率影响大于通货膨胀率的影响，产出波动上升。由于本国的外汇市场干预，汇率波动降低，间接抑制了因金融发展水平提高导致的本国通货膨胀率的波动。因此，可以得到结论：在金融发展过程中，当一国只关注产出波动，应选择相对浮动的汇率制度；当一国只关注通货膨胀，应选择相对固定的汇率制度；而当产出与通货通胀兼顾，应选择相对折中的汇率制度。

图 8.2.4、图 8.2.5 与图 8.2.6 展示了本国金融发展障碍为 0.1 且

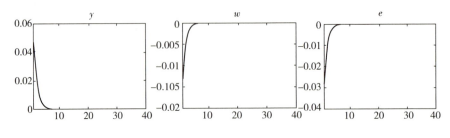

图 8.2.4　$a=0.4$，$\Phi_e=0$

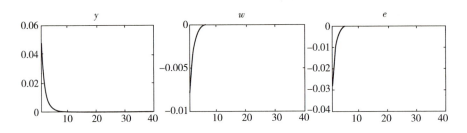

图 8.2.5　$a=0.4$，$\Phi_e=1$

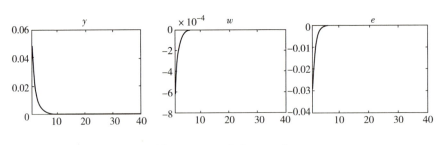

图 8.2.6　$a=0.4$，$\Phi_e=2$

金融发展速度较快为 0.4 不同汇率制度 Φ_e 分别取 0、1 与 2 下产出、通货膨胀率与汇率的变动情况。通过比较不难看出：产出从浮动汇率制度下的 0.045，变化到相对浮动汇率制度下的 0.047，再到相对固定汇率制度下的 0.050，因此，产出随着汇率制度从浮动转化为相对固定波动上升；通货膨胀率在这一过程中则表现为波动降低，从浮动汇率制度下的 -0.015，变动到相对浮动下的 -0.008，再到相对固定下的 -0.00055；汇率在这一过程中的波动稍有下降。其原理与金融发展速度为 0.8 时相同。因此，可以得到上文中相同的结论：在金融发展过程中，当一国只关注产出波动，应选择相对浮动的汇率制度；当一国只关注通货膨胀，应选择相对固定的汇率制度；而当产出与通货通胀兼顾，应选择相对折中的汇率制度。

相对于图8.2.1、图8.2.2与图8.2.3，图8.2.4、图8.2.5与图8.2.6展示了本国金融发展水平以更快速度提高的情况，通过比较图8.2.1与图8.2.4、图8.2.2与图8.2.3和图8.3.5与图8.2.6不难发现：金融发展速度加快的情况下，产出波动加大；通货膨胀率波动先升高后降低；汇率波动加剧。这是因为：金融发展速度的提高，导致企业生产成本降低加速，在相对浮动汇率制度下导致本国通货膨胀率的大幅降低，本国通货膨胀率大幅降低，本国实际利率大幅上升，本国汇率大幅升值，在汇率变动与通货膨胀率的双重影响下产出波动上升；而在相对固定的汇率制度下，本国的汇率波动受到干预，通货膨胀率的波动受到抑制，致使通货膨胀率的波动可能降低。因此，可以得到结论：在金融发展过程中，当一国只关注产出波动，应选择较慢的金融发展速度；当一国只关注通货膨胀，在相对浮动汇率制度下应选择较慢的金融发展速度，在相对固定汇率制度下应选择较快的金融发展速度；而当产出与通货膨胀兼顾，在相对浮动汇率制度下应选择较慢的金融发展速度，在相对固定汇率制度下，应选择相对折中的发展速度。

（二）非预期利率规则下的脉冲响应

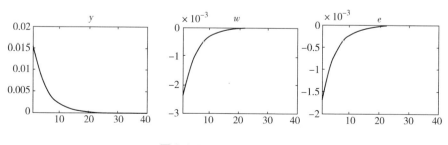

图8.2.7　$a = 0.8$，$\Phi_e = 1$

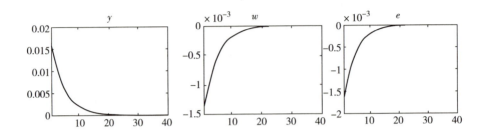

图 8.2.8 $a = 0.8$，$\Phi_e = 2$

图 8.2.7 与图 8.2.8 展示了非预期利率规则金融发展障碍为 0.1 金融发展速度为 0.8 不同汇率制度 Φ_e 分别取 1 与 2 下产出、通货膨胀率与汇率的变动情况，浮动汇率制度下的情况与图 8.2.1 相同。通过比较不难发现，在汇率制度从浮动转化为相对固定的过程中，产出的波动上升，通货膨胀率的波动下降，汇率的波动下降。其原理与预期利率规则下相同。因此，可以得到与前文相同的结论：在金融发展过程中，当一国只关注产出波动，应选择相对浮动的汇率制度；当一国只关注通货膨胀率，应选择相对固定的汇率制度；而当产出与通货膨胀兼顾，应选择相对折中的汇率制度。

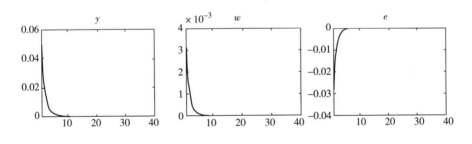

图 8.2.9 $a = 0.4$，$\Phi_e = 1$

图 8.2.9 与图 8.2.10 展示了非预期规则金融发展障碍为 0.1 金融发展速度为 0.4 不同汇率制度 Φ_e 分别取 1 与 2 下产出、通货膨胀率与汇率的变动情况，浮动汇率制度下的情况与图 8.2.4 相同。通过比较不难发现，在汇率制度从浮动转化为相对固定的过程中，产出的波动上升；

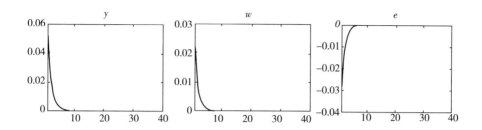

图 8.2.10　$a = 0.4$，$\Phi_e = 2$

通货膨胀率的波动先下降后上升，从浮动汇率制度下的 -0.015，变动到相对浮动汇率制度下的 0.003，再到相对固定汇率制度下的 0.02，汇率的波动稍有下降。这是因为，金融发展水平的提高导致本国通货膨胀率下降，实际利率上升，外部资金流入导致本国汇率升值，汇率的升值又反作用于通货膨胀，在越是固定的汇率制度下，汇率升值将造成通货膨胀率的大幅增加，尤其是在金融发展速度较快的情况下，这种增加表现得尤为明显。因此可以得到结论：在金融发展过程中，当一国只关注产出波动，应选择相对浮动的汇率制度，当一国只关注通货膨胀或产出与通货膨胀兼顾，应选择相对折中的汇率制度。

相对于图 8.2.7 与图 8.2.8，图 8.2.9 与图 8.2.10 展示了本国金融以更快速度发展的情况，通过比较图 8.2.7 与图 8.2.9、图 8.2.8 与图 8.2.10 不难发现：金融发展速度加快的情况下，产出波动加大，通货膨胀率波动增加，汇率波动加剧。其原理与预期利率规则下的情况基本相同，只是通货膨胀变动受到抑制的效应成为主导通货膨胀变动的主导因素。因此，可以得到结论：在金融发展过程中，当一国关注产出或通货膨胀或两者的组合，应选择较慢的金融发展速度。

（三）两种利率规则下脉冲响应比较

比较预期与非预期的利率规则，可见两者遵从的规律稍有不同，主要在于当金融发展水平以更快的速度发展时，通货膨胀率的变动不同造成的，但总体来看，在金融发展低速的情况下，非预期的规则下通货膨胀率的波动较低，产出波动没有明显变化；在金融发展高速的情况下没有明显的规律。这主要是因为：相对于预期的利率规则，非预期的利率规则对汇率变动的当期值做出反应，对通货膨胀的反作用相对较强，在金融发展速度较慢时对金融发展造成通货膨胀率下降的影响有更强的抑制作用；而在金融发展速度较高时，这种抑制作用更为明显，成为导致通货膨胀变动的主要因素，尤其是在相对固定的汇率制度下，表现得更为明显。

第三节　不同汇率制度与金融发展速度下的福利分析

上面利用数值模拟分析了不同汇率制度与不同金融发展速度下，产出、通货膨胀率与汇率的变动情况，并指出了在不同目标下汇率制度的选择。下面利用福利分析法，展示金融发展速度与汇率制度的最优匹配。在以下的分析利率规则中汇率变动的系数 Φ_e 的变化范围为 $0 \sim 2$，以 0.1 为间距，τ_t 的自回归系数 b 变化范围为 $0.1 \sim 0.9$，以 0.1 为间距。依照上文，我们分两种利率规则对福利进行分析，一种是预期的利率规则，另一种是非预期的利率规则。利用 Woodford（2003）的方法，计算得到代表性个体每一期福利损失函数为

$$L = (1 + \varphi)\mathrm{var}(\tilde{y}_t) + \frac{\varepsilon}{\lambda}\mathrm{var}(\pi_{H,t}) \tag{8.3.1}$$

（一）预期利率规则下福利分析

表 8.3.1　　　　　　　　　预期利率规则下福利损失

Φ_e ＼ b	0.1	0.2	0.3	0.4	0.5	0.6	0.7	0.8	0.9
0	0.1915	0.1434	0.1068	0.0786	0.0567	0.0396	0.026	0.0153	0.0068
0.1	0.188	0.1414	0.1056	0.078	0.0564	0.0394	0.026	0.0153	0.0068

Φ_e \ b	0.1	0.2	0.3	0.4	0.5	0.6	0.7	0.8	0.9
0.2	0.1848	0.1394	0.1046	0.0774	0.0561	0.0393	0.0259	0.0153	0.0068
0.3	0.1817	0.1377	0.1036	0.0769	0.0558	0.0392	0.0259	0.0152	0.0068
0.4	0.1789	0.136	0.1026	0.0764	0.0556	0.039	0.0258	0.0152	0.0068
0.5	0.1763	0.1345	0.1018	0.076	0.0554	0.0389	0.0258	0.0152	0.0068
0.6	0.1739	0.1331	0.101	0.0756	0.0552	0.0389	0.0257	0.0152	0.0068
0.7	0.1717	0.1319	0.1004	0.0752	0.055	0.0388	0.0257	0.0152	0.0068
0.8	0.1698	0.1308	0.0998	0.0749	0.0549	0.0387	0.0257	0.0152	0.0068
0.9	0.1681	0.1299	0.0993	0.0746	0.0548	0.0387	0.0257	0.0152	0.0068
1	0.1666	0.1291	0.0988	0.0744	0.0547	0.0386	0.0257	0.0152	0.0068
1.1	0.1654	0.1284	0.0985	0.0743	0.0546	0.0386	0.0257	0.0152	0.0068
1.2	0.1644	0.1278	0.0982	0.0741	0.0545	0.0386	0.0256	0.0152	0.0068
1.3	0.1636	0.1275	0.098	0.0741	0.0545	0.0386	0.0256	0.0152	0.0068
1.4	0.1631	0.1272	0.0979	0.074	0.0545	0.0386	0.0257	0.0152	0.0068
1.5	0.1628	0.1271	0.0979	0.074	0.0545	0.0386	0.0257	0.0152	0.0068
1.6	0.1627	0.1271	0.098	0.0741	0.0546	0.0386	0.0257	0.0152	0.0068
1.7	0.1628	0.1273	0.0981	0.0742	0.0546	0.0387	0.0257	0.0152	0.0068
1.8	0.1632	0.1276	0.0984	0.0744	0.0547	0.0387	0.0257	0.0152	0.0068
1.9	0.1638	0.1281	0.0987	0.0746	0.0548	0.0388	0.0257	0.0152	0.0068
2	0.1647	0.1287	0.0991	0.0748	0.055	0.0388	0.0258	0.0152	0.0068

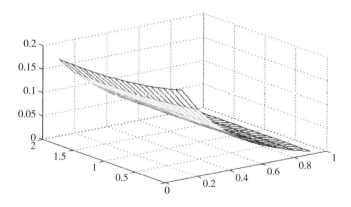

图 8.3.1　预期利率规则下福利损失

表 8.3.1 与图 8.3.1 展示了预期利率规则不同汇率制度与金融发展速度下的福利损失情况。从横向看，表 8.3.1 与图 8.3.1 展示了一定汇率制度不同金融发展速度下的福利损失情况。通过比较不难发现，福利损失随着金融发展速度的加快而上升，且随着汇率制度趋向于更加灵活，福利损失增大。以汇率制度分别取 1.6 与 0.4 为例，福利损失分别从金融发展速度较慢取 0.9 时的 0.0068 上升到金融发展速度较快取 0.1 时的 0.1627 与 0.1789，两种汇率制度比较，相对固定比相对浮动少损失了 0.0162。从纵向看，表 8.3.1 与图 8.3.1 展示了一定的金融发展速度不同汇率制度下的福利损失情况。在金融发展速度 b 为 0.8 与 0.9 时，各种汇率制度下的福利损失近似相等，由此可以得到结论：当金融发展速度较慢时，汇率制度选择对福利的影响较弱。在金融发展速度较快 b 取 0.1 ~ 0.7 时，福利损失首先随着汇率制度从相对固定转化为相对浮动而降低，达到最小福利损失值后随着汇率制度从相对浮动转化为浮动而增加，且各种金融发展速度下福利损失最小值的位置并不一致，随着金融发展速度的提高最小福利损失值有更加趋于相对固定汇率制度的趋势。以金融发展速度取 0.1 与 0.4 为例，两种金融发展速度下在相对固定汇率制度取 2 时福利损失分别为 0.1647 与 0.0748，在浮动汇率制度取零时福利损失分别为 0.1915 与 0.0786，两种金融发展速度下福利的最小值分别在汇率制度取 1.6 （福利损失值为 0.1627）与汇率制度取 1.4 （福利损失值为 0.074）。因此，可以得到结论，汇率制度选择应与金融发展速度匹配，随着金融发展速度的提高，汇率趋向于相对固定会有助于福利的提高。

（二）非预期的利率规则下福利分析

表 8.3.2　　　　　　　非预期的利率规则下福利损失

Φ_e ＼ b	0.1	0.2	0.3	0.4	0.5	0.6	0.7	0.8	0.9
0	0.1915	0.1434	0.1068	0.0786	0.0567	0.0396	0.026	0.0153	0.0068
0.1	0.1666	0.1345	0.1033	0.0772	0.0561	0.0393	0.0259	0.0153	0.0068

Φ_e \ b	0.1	0.2	0.3	0.4	0.5	0.6	0.7	0.8	0.9
0.2	0.1647	0.1291	0.1006	0.076	0.0556	0.0391	0.0259	0.0152	0.0068
0.3	0.1864	0.1271	0.0988	0.075	0.0552	0.0389	0.0258	0.0152	0.0068
0.4	0.2324	0.1287	0.098	0.0744	0.0549	0.0388	0.0258	0.0152	0.0068
0.5	0.3034	0.134	0.0981	0.0741	0.0547	0.0387	0.0257	0.0152	0.0068
0.6	0.4002	0.143	0.0991	0.074	0.0545	0.0386	0.0257	0.0152	0.0068
0.7	0.5235	0.1557	0.1011	0.0743	0.0545	0.0386	0.0257	0.0152	0.0068
0.8	0.6741	0.1724	0.104	0.0748	0.0546	0.0386	0.0257	0.0152	0.0068
0.9	0.8528	0.193	0.108	0.0757	0.0547	0.0386	0.0256	0.0152	0.0068
1	1.0604	0.2176	0.1129	0.0768	0.055	0.0387	0.0257	0.0152	0.0068
1.1	1.2979	0.2463	0.1188	0.0782	0.0553	0.0387	0.0257	0.0152	0.0068
1.2	1.566	0.2792	0.1257	0.08	0.0558	0.0388	0.0257	0.0152	0.0068
1.3	1.8657	0.3163	0.1336	0.082	0.0563	0.039	0.0257	0.0152	0.0068
1.4	2.1979	0.3579	0.1425	0.0843	0.057	0.0391	0.0258	0.0152	0.0068
1.5	2.5635	0.4038	0.1525	0.0869	0.0577	0.0393	0.0258	0.0152	0.0068
1.6	2.9637	0.4543	0.1635	0.0899	0.0585	0.0396	0.0259	0.0152	0.0068
1.7	3.3993	0.5095	0.1756	0.0931	0.0594	0.0398	0.0259	0.0152	0.0068
1.8	3.8714	0.5693	0.1888	0.0966	0.0605	0.0401	0.026	0.0152	0.0068
1.9	4.3812	0.6339	0.2031	0.1005	0.0616	0.0404	0.0261	0.0153	0.0068
2	4.9297	0.7035	0.2185	0.1046	0.0628	0.0408	0.0262	0.0153	0.0068

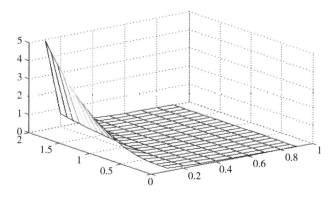

图 8.3.2　非预期的利率规则下福利损失

207

表 8.3.2 与图 8.3.2 展示了非预期利率规则不同汇率制度与金融发展速度下的福利损失情况。从横向看，表 8.3.2 与图 8.3.2 展示了一定汇率制度不同金融发展速度下的福利损失情况。从中不难看出，随着金融发展速度的提高，福利损失上升，且在汇率越为固定的情况下，福利损失越大。以汇率制度取 1.6 与 0.4 为例，福利损失从金融发展速度取 0.9 时的 0.0068 分别上升到金融发展速度取 0.1 时的 2.9637 与 0.2324，两者相差近 10 倍。从纵向看，表 8.3.2 与图 8.3.2 展示了一定的金融发展速度不同汇率制度下的福利损失情况。通过比较不难看出，当金融发展速度较慢取 0.8 与 0.9 时，各种汇率制度下的福利损失近似相等，由此可以得到结论，当金融发展速度较慢时，汇率制度对福利的影响较弱。当金融发展速度相对较快 b 取 0.1 ~ 0.7 时，福利损失首先随着汇率制度从相对固定转化为相对浮动而降低，达到最小福利损失值后随着汇率制度从相对浮动转化为浮动而增加，且各种金融发展速度下福利损失最小值出现的位置并不一致，随着金融发展速度的提高有更趋于相对浮动汇率制度的趋势。以金融发展速度取 0.1 与 0.4 为例，两种金融发展速度下在汇率制度取 2 时的福利损失分别为 4.9297 与 0.1915，在浮动汇率制度取零时福利损失分别为 0.1046 与 0.0786，两种金融发展速度下福利损失的最小值分别在汇率制度取 0.2（福利损失值为 0.1647）与汇率制度取 0.6（福利损失值为 0.074）。因此，可以得到结论，汇率制度选择应与金融发展速度匹配，随着金融发展速度地提高，汇率制度趋向于相对浮动会有助于福利的提高。同时表 8.3.2 与图 8.3.2 的一个突出特征是当金融发展速度较快取 0.1 且汇率制度较为固定 Φ_e 的值取 1.1 ~ 2 区间，福利损失会有显著地提高，因此可以得到结论：当一国盯住的是汇率变动当期值且本国金融发展速度较快时，实行相对固定的汇率制度会造成本国福利的巨大损失。

（三）两种利率规则下的福利损失比较

比较两种利率规则下的福利损失情况不难发现，两种规则下既有相同的结论也存在差异：在两种规则下，福利损失随着金融发展速度的提高福利损失上升，但在不同的汇率制度下，福利损失的最小值出现的位置即汇率制度与金融发展速度的最优匹配不同，在预期的利率规则下，最优的匹配随着金融发展速度的提高而趋向于相对固定的汇率制度；而在非预期的利率规则下，最优的匹配随着金融发展速度的提高而趋向于相对浮动的汇率制度。同时不能忽略的一点是，在非预期的利率规则下，金融发展速度较高时实行相对固定的汇率制度会造成本国福利的巨大损失。

第四节　本章小结

2015 年 10 月公布的"十三五"规划明确提出，人民币汇率市场化改革与降低企业融资成本的金融体系改革。那么两项改革应该如何匹配进行，从而实现本国的福利最优是一个很值得探讨的问题。本章构建新凯恩斯模型通过数值模拟与福利分析，探讨了汇率制度与金融发展改革之间的关系，得到两者间的最优匹配。本章主要分析了两种货币政策规则下的情况，一种是预期的利率规则，另一种是非预期的利率规则，主要得到以下结论：（1）预期利率规则下，福利随着金融发展速度的提高而降低，且福利损失最小值出现的位置随着金融发展速度的提高而趋向相对固定的汇率制度；（2）非预期利率规则下，福利随着金融发展速度的提高而降低，且福利损失最小值出现的位置随着金融发展速度的提高而趋向相对浮动的汇率制度，同时，当金融发展速度较快汇率制度较为固定时，本国福利会有显著地降低。

依照上述结论，我们对我国的汇率制度与金融体系改革提出以下建议：

（1）如果我国采用预期的利率规则，那么当金融体系改革的发展速度较快时，我国应保持相对固定的汇率制度，等金融体系的改革基本完成后，再进行汇率制度的改革，从而实现本国的福利最优。

（2）如果我国采用非预期的利率规则恰好相反，金融体系的改革与汇率制度的改革应同时推进，尤其是当金融体系改革的发展速度较快时，汇率制度也应趋向于更加灵活，同时，尤其要避免金融体系改革较快而汇率制度相对固定的情况。

"十三五"规划中明确表示,我国将进一步推进资本账户开放、汇率制度改革与金融体系改革。那么,三项改革应如何匹配进行是一个急需解决的问题。本章扩展原有的新凯恩斯理论框架,引入资本账户开放因素、金融体系改革因素与汇率制度因素,探讨了三项改革的最优匹配问题。通过数值模拟与福利分析我们得到两两政策的最优匹配情况,主要结论如下:

1. 资本账户开放与汇率制度改革的匹配。随着汇率制度从相对固定转化为浮动,福利损失不断下降,且随着资本账户开放速度的提高,福利损失下降的幅度而降低;在本章设定的各种汇率制度下,资本账户的开放都是有助于福利提高的,特别是在资本账户开放速度提高的初始阶段,福利会有显著地提高;资本账户开放要循序渐进地进行,同时进行汇率制度改革才能实现本国的福利最优。

2. 资本账户开放与经济发展水平的匹配。在资本账户开放过程中,本国的经济发展水平提高有助于提高本国福利,当资本账户开放速度较慢时,这一现象更加显著;资本账户的开放速度影响本国的福利损失,适当的开放速度能显著降低福利损失;一国在资本账户开放过程中,适当增加汇率弹性,有助于本国福利的提高。

3. 资本账户开放与金融发展速度。一国可先进行资本账户开放,再进行金融体系改革,这样可实现本国福利最优;由于在资本账户开放速度较快的情况下,金融体系改革速度对福利的影响较小,如果考虑到多项改革的存在,本国只要把握资本账户开放速度不宜太慢即可。在资本账户开放与金融体系改革过程中进行汇率制度改革,提高汇率弹性会有助于本国福利的提高。

4. 均衡汇率与汇率波动区间。我们发现:2002 年前人民币存在一定的高估;2003 年至 2008 年,人民币存在小幅的低估或高估;但 2009 年之后,人民币存在严重的高估。这是非常值得货币当局关注的。接下来,我们利用三种方法进一步测算了人民币汇率适宜的波动区间:

(1)通过对均衡汇率表达式的求解，测算各变量的方差得到人民币汇率适宜的波动区间应该在4%～5%；（2）利用经典模型得到：最优汇率波动区间随着外生冲击的增加而增大，随着本国央行对通货膨胀厌恶程度的提高而降低，结合中美两国的数据，计算了人民币对美元汇率适宜的波动区间，得到在不同政府偏好下，最优汇率波动区间的值；(3)利用新凯恩斯模型，得到汇率最优波动区间随着外生冲击的增加而增大，设定汇率波动区间的汇率制度优于固定或浮动汇率制度。

5. 汇率制度选择与经济发展水平。在一定的经济发展水平下，实行相对浮动汇率制度有助于本国福利的提高，这种作用在经济发展水平较高时尤为明显；随着经济发展水平的提高，相对固定的汇率制度会增加本国的福利损失，且在越为固定的情况下，这种福利损失越为明显；与此不同的是，在相对浮动的汇率制度下，福利损失随着经济发展水平的提高而降低，且随着汇率弹性的增加，这种降低更为明显。

6. 汇率制度选择与金融发展水平。预期利率规则下，福利随着金融发展速度的提高而降低，且福利损失最小值出现的位置随着金融发展速度的提高而趋向相对固定的汇率制度；非预期利率规则下，福利随着金融发展速度的提高而降低，且福利损失最小值出现的位置随着金融发展速度的提高而趋向相对浮动的汇率制度，同时，当金融发展速度较快汇率制度较为固定时，本国福利会有显著地降低。

随着改革开放的不断深入，我国的经济发展水平有了显著提高，通过资本账户开放与经济发展水平和汇率制度选择与经济发展水平的分析可知，我国应推进资本账户开放与汇率制度改革。在资本账户开放与汇率制度改革匹配研究中，我们得到汇率制度改革与资本账户开放应同时进行有助于福利提高的结论，因此，我国应该在不断推进资本账户开放的过程中，积极推进汇率制度的改革；在资本账户开放与金融体系改革的研究中，我们发现，只要保障资本账户开放的节奏不要太慢，金融体系改革对福利的影响不大，但是汇率制度改革与金融体系改革匹配时，因央行货币政策利率规则的不同而展现出不同的结果。因此，在确定央行货币政策规则后，我们应选择适当地匹配，尤其要避免非预期利率规则下，金融体系改革较快而汇率制度较为固定的情况。在研究的过程中，我们还加入了一定的实例分析支撑了本书所得到的结论。希望本书的研究对我国三项改革的开展具有一定的指导意义。

参考文献

中文参考文献

[1] 陈志刚. 资本项目自由化研究评述 [J]. 经济学动态, 2005, 8: 89 – 93.

[2] 黄海洲、Priyanka Malhotra. 汇率制度与经济增长: 来自亚洲发展中国家和欧洲发达国家的经验研究 [J]. 经济学季刊, 2005 (4): 971 – 990.

[3] 黄益平、王勋. 中国资本项目管制有效性分析 [J]. 金融发展评论, 2010 (6): 107 – 135.

[4] 黄志刚、陈晓杰. 人民币汇率波动弹性空间评估 [J]. 经济研究, 2010 (5): 41 – 54.

[5] 丁剑平、沈根祥. 2000—2005 年主要区域货币汇率波动特征的研究 [J]. 世界经济, 2006 (3): 74 – 81.

[6] 丁志杰、李庆. 中等收入国家汇率制度选择及经济绩效 [R]. 中国金融四十人论坛, 2016.

[7] 方显仓、孙琦. 资本账户开放与我国银行体系风险 [J]. 国际金融研究, 2014 (3): 9 – 16.

[8] 胡春田、陈智君. 人民币是否升值过度——来自基本均衡汇率 (1994—2008) 的证据 [J]. 国际金融研究, 2009 (11): 55 – 66.

[9] 胡小文、章上峰. 利率市场化、汇率制度改革与资本账户开放顺序安排 [Z]. 2015 (11): 14 – 24.

[10] 胡援成. 中国资本账户开放研究 [D]. 厦门大学博士论文, 2001.

［11］李炳. 人民币有效汇率冲击对宏观经济波动的影响研究［D］. 华中科技大学博士论文，2016.

［12］李剑峰. 发展中国家的资本账户开放——货币危机视角下的次序选择［D］. 华东师范大学博士论文，2008.

［13］李维刚. 基于内外均衡的人民币汇率政策研究［D］. 上海交通大学博士论文，2012.

［14］计国忠. 资本账户开放次序的比较研究及中国的选择［J］. 世界经济研究，2004，2：28－31.

［15］李欣欣、刘海龙. 市场非均衡与中国资本账户开放风险［J］. 财经研究，2015（41）：17－28.

［16］李晓杰. 中国资本账户开放协调论研究［D］. 辽宁大学，2013.

［17］刘晓辉、范从来. 汇率制度的选择及其标准的演变［J］. 世界经济，2007，3：86－99.

［18］马国轩、于润. 人民币均衡汇率波动的影响因素分析［J］. 经济科学，2013（5）：76－88.

［19］庞晓波、孙叶萌. 基于 Ann 方法对汇率波动非线性的检验与预测比较［J］. 吉林大学社会科学学报，2008（48）：76－81.

［20］施建淮、余海丰. 人民币均衡汇率与汇率失调：1991—2004 年［J］. 经济研究，2005（4）：34－46.

［21］王博、刘澜飚. 经济冲击与汇率制度选择：基于中国的理论与经验研究［D］. 南开经济研究，2012，3：2－24.

［22］王松奇、史文胜. 论汇率的决定机制、波动区间与政策搭配［J］. 财贸经济，2007（4）：52－61.

［23］王维国、黄万阳. 人民币行为均衡汇率模型研究［J］. 经济科学，2005（2）：48－57.

［24］王义中. 人民币内外均衡汇率1982—2010 年［J］. 数量经济技术经济研究，2009（5）：68－81.

［25］威廉姆森. 汇率制度的选择：国际经验对中国的启示［J］. 国际

金融研究，2004，10：12－15．

[26] 熊衍飞、陆军、陈郑．资本账户开放与宏观经济波动 [J]．经济学（季刊），2015（14）：1255－1278．

[27] 许家杰．均衡汇率新思维：一个内外均衡条件下购买力平价模型及其应用 [J]．数量经济技术经济研究，2010（9）：67－82．

[28] 杨建清．汇率波动模型与发展中国家汇率制度选择 [J]．宏观经济研究，2012（10）：104－107．

[29] 杨荣海．当前货币国际化进程中的资本账户开放路径效应分析 [J]．国际金融研究，2014（4）：50－72．

[30] 姚斌．国家规模、对外开放度与汇率制度的选择——基于福利的数量分析 [J]．数量经济与技术经济研究，2006（9）：3－12．

[31] 姚斌．人民币汇率制度选择的研究——基于福利的数量分析[J]．经济研究，2007（11）：45－58．

[32] 印梅．国别视角下人民币汇率制度、汇率行为对贸易收支的影响研究 [Z]．苏州大学，2014．

[33] 余永定、肖立晟．论人民币汇率形成机制改革的推进方向 [J]．国际金融研究，2016，11：3－10．

[34] 袁申国、陈平、刘兰凤．汇率制度、金融加速器与经济波动 [J]．经济研究，2011（1）：57－72．

[35] 张明．中国资本账户开放：行为逻辑与情景分析 [J]．世界经济与政治，2016（4）：139－157．

[36] 张明、杨杨．人民币汇率形成机制改革进展 [J]．中国金融，2017，12：42－44．

[37] 张志超．开放中国的资本账户——排序理论的发展及对中国的启示 [J]．国际经济评论，2003，1：5－17．

[38] 宗良．应抓住时机扩大人民币汇率波动区间 [N]．证券日报，2014－2－17．

外文参考文献

［1］ Acemoglu, D., Johnson, S., Thaicharoen, Y. and Robinson, J., Institutional Causes, Macroeconomic Symptoms: Volatility, Crisis and Growth, NBER Working Paper 9124, 2002.

［2］ Aghion, P., Baeehetta, P., Ranciere, R., and Rogoff, K., Exchange Rate Volatility and Produetivity growth: The Role of Financial Development, Journal of Monetary Economies 2009, 4: 494 – 513.

［3］ AizenmanJ., Hausmann R., 2000, "Exchange Rate Regimes and Financial Market Imperfection", NBER Working Paper No. 7738.

［4］ Amit Ghosh, Exchange rate flexibility in Latin America, Journal of Financial Economic Policy, 2013, Vol. 5 Iss: 2, 238 – 250.

［5］ Aoki, K, Benigno, G., Kiyotoki, N., 2010, Adjusting to capital account liberalization, discussion paper series No. 8087.

［6］ Arteta, Carlos, Eichengreen, Barry, Wyplosz, Charly, On the Growth of Capital Account Liberalization. (unpublished) Berkeley, California: University of California, 2001 a.

［7］ Arteta, Carlos, Eichengeen, Barry; Wyplosz, Charly. When Does Capital Liberalization Help More Than It Hurts? NBER Working Paper, No. 8414, 2001 b.

［8］ Benu, Schneider. Issues in Capital Account Convertibility in developing Countries, Development Policy Review, 2001, 19 (1): 31 – 82.

［9］ Bhattacharya, A.; Linn, J., Trade and Industrial Policies in the Developing Countries of East Asia. World Bank Discussion Paper, No. 27, 1988.

［10］ Bhagwati, Jagdish., The Capital Myth: The Difference Between Trade in Widgets and Trade in Dollars ［J］. Foreign Affairs, 1998, (77): 7 – 12.

［11］ Bianchi, Javier and Enrique Mendoza, Overborrowing, Financial Crises and "Macro – Prudential" Taxes ［R］. NBER Working Paper No. 16091, 2010.

[12] Bosworth, Barry, Valuing the Renminbi. Paper presented to the Tokyo Club Research Meeting, Feb. 2004.

[13] Bresser – Pereira, L. C., Brazil's Quasi – stagnation and the Growth cum Foreign Savings Strategy, International Journal of Political Economy, 2004 (32): 76 – 102.

[14] Caprio, Gerard; Honoman, Patric; Stiglitz, Joseph. Finance Liberalization: How Far, how Fast? Cambridge: Cambridge University Press, 2000.

[15] Cespedes L, R Chang and A Velasco, Balance Sheet and Exchange Rate Policy [J]. American Economic Review, 2004, (94): 1183 – 1193.

[16] Cerny, P. Finance and World Politics: Regimes, and States in the Post – hegemonic Era. Edgar Alger Publishing, 1993.

[17] Chatterje, Santanu, Sakoulis, Georgios, Turnovsky, Stephen J, Unilateral Capital Transfers Public Investment, and Economic, European Economic Reviews, 2003, 47: 1077 – 1103.

[18] Cheung, Yin – wong, Menzie D Chinn, and Eiji Fujii, The Overvaluation of Renminbi Undervaluation, NBER Working Paper No. 12850. 2007.

[19] Chinn, M. D., Ito, H., What matters for financial development? Capital controls, institutions, and interactions, Journal of Development Economics, 2006, 81, 163 – 192.

[20] Christian Saborowski, Sarah Sanya, Hans Weisfeld, and Juan Yepez, "Effectiveness of Capital Outflow Restrictions", IMF Working Paper, WP/14/8. 2014.

[21] Christine P and Richard J, Sweeney, Capital controls in emerging economies, Boulder, Coloardo, Westview Press, 11 – 32. 1997.

[22] Cline, William R, Estimating Reference Exchange Rates, Paper presented to a workshop at the Peterson Institute sponsored by Bruegel, KIEP, and the Peterson Institute, Feb. 2007.

[23] Cline, Williamson, 2007, Estimates of the Equilibrium Exchange Rate

of the Renminbi: Is There a Consensus and, If Not, Why Not? Paper presented at the Conference on China's Exchange Rate Policy Peterson Institute, Washington DC October 12.

[24] Cook D., monetary policy in emerging market: can liability explain contractionary Devaluation, Journal of montary economic, 2004 (51): 1151 – 1181.

[25] Coudert, Virginie, and Cécile Couharde, Real Equilibrium Exchange Rates in China, CEPII Working Paper No. 01. 2005.

[26] Cukierman, Spiegel, Leiderman. The choice of exchange rate bands: balancing credibility and flexibility [J]. Journal of International Economics, 2004 (62): 379 – 408.

[27] Devereux M. B. and Engel C., "Fixed vs. Floating Exchange Rates: How price Setting Affects the Optimal choice of Exchange rate regime" [D]. NBER Working Paper, No. 6867. 1998.

[28] Devereux M. B. and Engel C., "The optimal Choice of Exchange rate Regimes: Price setting Rules and Internationalized Production" [D]. NBER working paper, No. 6992. 1999.

[29] Devereux, Michael; Lockwood, Ben; Redondo, Michael. Capital Account Liberalization and Corporate Taxes. IMF Working Paper, No. 3/180, 2003.

[30] Devereux M, P Lane and J wu, "Exchange rate and money policy in emerging market economies" [J]. Economic Journal, 2006, (116): 478 – 504.

[31] Dornbusch, Rudiger, Credibility and stabilization, Quartelry Journal of economies, 1991, 106, 837 – 850.

[32] Dornbusch, Rudiger., Capital Controls: An Idea Whose Time is Gone [R]. Mimeo, 1998.

[33] Edwards, Sebastian, The order of liberalization of the external sector in developing countries, Princeton essays in international finance, No. 156, Prin-

ceton: Princeton University Press. 1984.

[34] Edwards, Sebastian, The secquencing of economic reform: Analytical issues and lessons from Latin American experiences, World Economy, 1990, 13: 1 - 14.

[35] Edwards, Sebasian. Capital Mobility and Economic Performance: Are Emerging Economies Different? NBER Working Paper, No. 8076, 2001.

[36] Edwards, Sebastian. Capital Mobility, Capital Controls, and Globalization in the Twenty - First the Annals of the American Academy of Political and Social Science, 2002, 249 - 260.

[37] Eichengreen B., "International Monetary Arrangement for the 21st Century", Washington DC: Brookings Institution, 1994.

[38] Eichengreen Barry and Ricardo Hausmann, "Exchange Rates and Financial Fragility", Paper Presented at Federal Reserve Bank of Kansas City's Conference on Issue in Monetary policy Jaekson Hole, Wyoming, 1999, 27 - 29.

[39] Eichengreen, Barry, Leblang, David, Capital Account Liberalization and Growth: Was Mr. Mahathir Right? International Journal of Finance and Economics, 2003, (8): 205 - 224.

[40] Eichengreen, B., Gullapalli, R., Panizza. U., Capital account liberalization, financial development and industry growth: A synthetic view, Journal of International Money and Finance, 2011, 30 (6): 1090 - 1106.

[41] Feldstein, Martin; Horiolca, Charles. Domestic Saving and International Capital Flows. The Economic Journal, 1980, 90 (3): 314 - 329.

[42] Fiseher S. " Exchange Rate Regimes: is the Bipolar View Correct?", Delivered at the meetings of the American Economic Assoeiation, New Orleans, January6, 2001.

[43] Goldberg L., "Banking Globalization, Transmission, and Monetary Policy Autonomy", Sveriges Riks bank Economic (Special Issue), 2013: 161 - 193.

［44］ Klein M. and Shambaugh J. , " Rounding the Corners of the Policy Trilemma: Sources of Monetary Policy Autonomy", National Bureau of Economic Research, Working Paper No. 19461, 2013.

［45］ Flood R. P, Capital mobility and the choice of exchange rate system ［J］. International Economic Review, 1979 (20): 405 – 416.

［46］ Flood R. P. and Marion N. P. , The Transmission of Disturbances under Alternative Exchange Rate Regimes with Optimal Indexing ［J］. Quarterly Journal of Economics, 1982 (97): 43 – 66.

［47］ Frankel J. , "No Single Curreney Regime is Right for All Countries or at All Times", NBER Working PaPer No. 7338. 1999.

［48］ Frankel, Jeffrey, On the Yuan: The Choice between Adjustment under a Fixed Exchange Rate and Adjustment under a Flexible Rate, CESifo Economic Studies. 2006.

［49］ Funke, Michael, and Jörg Rahn, Just How Undervalued is the Chinese Renminbi? The World Economy, 2005, 28 (4) .

［50］ Gali J, and Monacelli T, "Monetary Policy and Exchange Rate Volatility in a Small Open Economy" ［J］. Review of economic studies, 2005, (72): 707 – 734.

［51］ Gali J, Money policy Inflation and the Business cycle ［M］. Princeton University Press. 2005.

［52］ Gertler M. S. , Glchirst and F. Nataluccy, external contrains on monetary policy and financial accelerator ［J］. Journal of money credit and banking, 2007 (39): 295 – 330.

［53］ Goldberg L. , Banking Globalization, Transmission, and Monetary Policy Autonomy ［J］. Sveriges Riks bank Economic (Special Issue), 2013, 161 – 193.

［54］ Goldstein, Morris, and Nicholas Lardy, China's Exchange Rate Policy: An Overview of Some Key Issues. Paper prepared for the conference on

China's Exchange Rate Policy. 2007.

[55] Grilli, Milesi – Ferretti. Economic Effects and Structural Determinants of Capital Controls IMF Staff Paper, 1995, 42 (3): 517 –551.

[56] Guitian, Manuel. Reality and the Logic of Capital Flow Liberalization, in Christine P Ries and Richard J. Sweeney, eds. , Capital Controls in Emerging Economies. Westview, 1997 , 17 – 32.

[57] J Hason, James. Opening the Capital Account: Costs, Benefits and Sequencing, in Sebastian Edwards, ed. , Capital Controls, Exchange Rates, and Monetary Policy in the World Economy. Cambridge University Press, 1995, 383 – 429.

[58] Hélène Poirson, How Do Countries Choose Their Exchange Rate Regime? IMF working paper, wp/01/46, 2001.

[59] Huimin Zhao, Fuzhou Gong, Fangping Peng1, Qin Liu , Probability Analysis of Exchange Rate Target Zones, International Journal of Financial Research, 2014, 5, 29 –41.

[60] IMF. The IMF's Approach to Capital Account Liberalization. IMF's Report, 2005.

[61] Ishii, Shogo, and Kalr Habemreier, Capital account libralization and financial sector stability, IMT occasional paper 211, International Monetary Fund. 2002.

[62] Jeanne, Olivier, Arvind Subramanian, and John Williamson, Who Needs to Open the Capital Account [R] . Peterson Institute for International Economics, 2012,

[63] Johnston, R. , The Speed of Financial Sector Reform: Risks and Strategies. in A. Harwood and B. Smith, eds. , Sequencing? Financial Strategies for Developing Countries. Washington, D. C. : Brookings Institution, 1997.

[64] Johnston, R Barry. Sequencing Capital Account Liberalization and Financial Sector Reform. IMF Paper on Policy Analysis and Assessment,

August 1998.

［65］Karacadag, Cem, Sundararajan, V , Elliott, Jennifer. Managing Risks in Financial Market Development: The Role of Sequencing. IMF Working Paper, WP/03/119, June 2003.

［66］Klein, Michael; Olivei, Giovanni. Capital Account Liberalization, Financial Depth and Economic Growth. American Political Science Review, 2000.

［67］Kein, M. W. , Olivei, G. P. , Capital account liberalization, financial depth, and economic growth, Journal of International Money and Finance, 2008, Vol. 27 (6) , 861 – 875.

［68］Klein M. and Shambaugh J. , Rounding the Corners of the Policy Trilemma: Sources of Monetary Policy Autonomy ［D］ . National Bureau of Economic Research, Working Paper No. 19461, 2013.

［69］Kim, Woochan. Does Capital Account Liberalization Discipline Budget Deficit? Review of International Economics, 2003, 11 (5): 830 – 844.

［70］Kim, Yong Jin; Lee, Jong – Wha. Collateral Lending and Economic Crisis. Japan and The World Economy, 2002, 14 (2): 181 – 201.

［71］Klein, Michael; Olivei, Giovanni. Capital Account Liberalization, Financial Depth and Economic Growth. American Political Science Review, 2000.

［72］Klein, Michael. Capital Account Openness and the Varieties of Growth Experience. NBER Working Paper, No. 9500, 2003.

［73］Korinek, Anton, Regulating Capital Controls to Emerging Markets: An Externality View ［R］ . mimeo, U. Maryland. , 2010.

［74］Kraay, Aart. In Search of the Macroeconomic Effects of Capital Account Liberalization. Unpublished, Washington: The World Bank, 1998.

［75］Kristin J. Forbes, Marcel Fratzscher, and Roland Straub, Capital Controls and Macroprudential Measures: What are They Good for? CEPR Discussion Paper No. DP9798, 2014.

［76］Krueger, Anne. Interactions Inflation and Trade Regime Objectives in

Stabilization Programs, in W. R. Cline and S. Weintraub, eds. , Economic Stabilization in Developing Countries. Brookings Institution, 1981.

[77] Krueger, Anne. Problems of Liberalization, in Arnold Harberger, ed. , World Economic Growth. ICS Press, 1984, 403 – 423.

[78] Krugman, Paul. Target zones and exchange rate dynamics [J] . Quarterly Journal of Economics, 1991 (163): 669 – 682.

[79] Lane. P, Milesi – Ferretti, Gian Maria. The External Wealth of Nations. Journal of International Economic, 2002.

[80] Levy – Yeyati, Global Moral Hazard, Capital Account Liberalization and the overlending Syndrome. IMF Working Paper, No. 99/100, 1999.

[81] Li, Kui – Wai; Liu, Tung. Financial Liberalization and Growth in China's Economic Reform. World Economy, 2001, (24): 673 – 687.

[82] MacDonald, Ronald, and Preethike Dias, 2007. BEER Estimates and Target Current Account Imbalances, Paper presented to a workshop at the Peterson Institute sponsored by Bruegel, KIEP, and the Peterson Institute, Feb.

[83] Mathieson, Donald J. ; Rojas – Suarez, Liliana. Liberalization of the Capital Account: Experiences and Issues. IMF Occasional Paper, No. 103, 1993.

[84] Marcos Chamon and Márcio Garcia, Capital controls in Brazil: Effective? [J] . Journal of International Money and Finance, 2016 (61): 163 – 187.

[85] McKinnon, R. L. Money and Capital in Economic Development. Brookings Ins 1973.

[86] McKinnon , R. I, 1982, the order of economic liberalization: lessions from Chile and Argentina, in K Brunner and A. H. Meltzer, eds, 1982, economic policy in a world of change Amsterdam North Holland.

[87] Melvin, Menkhoff, Schmeling, Exchange Rate Management in Emerging Markets: Intervention Via an Electronic Limit Order Book [J] . Journal of International Economics, 2009 (79): 54 – 63.

［88］ Michael W. Klein, Capital Controls: Gates versus Walls ［R］. NBER Working Paper No. 18526, 2012.

［89］ Michaely, Michael. The Timing and Sequencing of a Trade Liberalization policy, in A. Choski and D. Papageorgiou, eds. , Economic Policy in A World of Change. North Holland, 1986.

［90］ Miller, Zhang . Optimal target zones: How an exchange rate mechanism can improve upon discretion ［J］. Journal of Economic Dynamics and Control, 1996 (20): 1641 − 1660.

［91］ Nsouli, Saleh M. ; Rachel, Mounir. Capital Account Liberalization in the Southern Mediterranean Region. IMF' Paper on Policy Analysis and Assessment, Nov. 1998.

［92］ Obstfeld, Maurice. Capital Mobility in the World Economy: and Measurement, in K Brutmer and A. Meltzer, eds. , Camegie − Rochester Conference Series on Public Policy, 1985, 24.

［93］ Obstfeld, Maurice, Risk − Taking, Global Diversification, and Growth ［R］. NBER No. 4093, 1992.

［94］ Obstfeld M. , Rogoff K. 1995, " The Mirage of Fixed Exchange Rate", Journal of Economic Perspectives , 9 (4), 73 − 96.

［95］ Obstfeld, Maurice and Kenneth Rogoff, Fundamentals of International Economics ［M］. The MIT Press. 1996.

［96］ Obstfeld M. , Shambaugh J. , and Taylor A. , The Trilemma in History: Tradeoffs among Exchange Rates, Monetary Policies, and Capital Mobility, Review of Economics and Statistics, 2005, 87 (3): 423 −438.

［97］ Obstfeld M. , Trilemmas and tradeoffs: living with financial globalization ［R］. BIS Working Papers No 480, 2015.

［98］ Ostry, Jonathan, Atish Ghosh, Karl Habermeier, Marcos Chamon, Mahvash S. Qureshi, and Dennis B. S. Reinhardt, Capital Inflows: The Role of Controls ［R］. IMF Staff Position Note, SPN/10/04, 2010.

［99］Passari E. and Rey H. , Financial Flows and the International Monetary System ［D］. NBER Working Paper 21172, 2015.

［100］Paulo Gala, Real Exchange Rate Levels and Economic Development: Theoretical Analysis and Econometric Evidence, Cambridge Journal of Economics, 2008, (32): 273 – 288.

［101］Popov, V. and Polterovich, V. , Accumulation of Foreign Exchange Reserves and Long Term Growth, mimeo, New Economic School, Moscow, 2002.

［102］Quinn, Dennis. The Correlates of Change in International Financial Regulation. American Political Science Review, 1997, 91 (3): 531 – 551.

［103］Quirk, Peter J. , Capital Account Convertibility: A New Model for Developing Countries. IMF Working Paper, WP/94/81, 1994.

［104］Quirk, Peter J. ; Evans, Implications for IMF Policies. Owen. Capital Account Convertibility: Review of Experience and IMF Occasional Paper, No. 131, 1995.

［105］Ramey, G. ; Ramey, V A. , Cross – Country Evidence on the Link Volatility and Growth. American Economic Review, 1995, 85 (5): 1138 – 1151.

［106］Rey, H. , The international credit channel and monetary policy autonomy ［R］. IMF Mundell Fleming Lecture, 2014.

［107］Rogoff, Kenneth, Aasim M. Husain, Ashoka Mody, Robin J. Brooks, and Nienke Onmes , Evol – ution and Performance of Exchange Rate Regimes ［D］. IMF Working Paper 03/243, 2003.

［108］Roland, Gerard, 1991, Political economy of sequencing tactics in the transition period, Laszlo Csaba ed, systemic change and stabilization in eastern Europe, Daltmouth UK: Aldershot.

［109］Sachs, Jeffrey, and Andrew Warner, Economic Reform and the Process of Global Integration ［R］. Brookings Papers on Economic Activity, 1995 (1): 1 – 118.

［110］Shaw, E. Financial Deepening in Economic development: Oxford U-niversity Press, 1973.

［111］Silla Sigurgeirsdóttir and Robert H. Wade, From control by capital to control of capital: Iceland's boom and bust, and the IMF's unorthodox rescue package ［J］. Review of International Political Economy, 2015（22）: 103 – 133.

［112］Slavtcheva. D, 2015, "Financial Development, Exchange Rate Regimes and Productivity growth: Theory and Evidence", Journal of Macroeconomics, 44, 109 – 123.

［113］Stiglitz, Joseph. , Globalization and Its Discontents ［R］. W. W. Norton Co. , New York. 2002.

［114］Summers, Lawrence. , International Financial Crises: Causes, Prevention, and Cures ［J］. American Economic Review, 2000（2）: 1 – 16.

［115］Sutherland. Monetary and real shocks and the optimal target zone ［J］. European Economic Review, 1995（39）: 161 – 172.

［116］Svensson. Why exchange rate bands? Monetary independence in spite of fixed exchange rates ［J］. Journal of Monetary Economics, 1994（33）: 157 – 199.

［117］Toye, John, 1999, The sequencing of structure adjustment programmes: What are the issues? UNCTD/UNDP occasional paper, UNCTAD/EDM/Mise 70.

［118］Turnovsky S. J. , The Relative Stability of Alternative Exchange Rate Systems in the Presence of Random Disturbances ［J］. Journal of Money Credit and Banking , 1976（8）: 29 – 50.

［119］Tu N. Dang, Evaluating the effectiveness of exchange rate bands in reducing inflation, Macroeconomics and Finance in Emerging Market Economies, Volume 5, Issue 1, 2012, 42 – 61.

［120］Wang, Tao, China's Growth and Integration into the World Economy: Prospects and Challenges, IMF Occasional Paper No. 232. 2004.

[121] Weber W. E. , "Output Variability under Monetary Policy and Exchange Rate Rules" [J]. Journal of Political Economy, 1981, (89): 733 – 751.

[122] Wihlborg, Clas; Dezseri, Kalman. Preconditions for Liberalization of Capital Flows: A Review and Interpretation, in Christine P. Ries and Richard J. Sweeney, eds. , Capital Controls in Emerging Economies, Boulder, Westview Press, 1997, 33 – 44.

[123] Williamson, J. Exchange rate system [M]. Institute for International Economics, Washington, DC, 1985.

[124] Williamson, J. Miller, Targets and indicators: A blueprint coordination of economic policy [M]. Institute for International Economics, Washington, DC. 1987.

[125] Williamson, John. A Cost Benefit Analysis of Capital Account Liberalization, in Helmut Reisen and Bernhard Fischer, eds. , Financial Opening: Developing Countries Policy Issues and Experiences. OECD, 1993, 25 – 34.

[126] Williamson, J. , The Crawling Band as an Exchange Rate Regime [M]. Institute for International Economics, Washington, DC. 1996.

[127] Williamson, J. 1997, Orthodoxy is right: Liberalize capital account last, in ries, Christine J. and Richard J. , Sweeney, 1997, capital controls in emerging economies, Boulder, Colorado, westview press 13 – 16.

[128] Woodford M, "Interest and prices: Foundations of a theory of Monetary policy" [M]. Princeton University Press, Princeton, NJ. 2003.

[129] Yan, Ho – don. Causal between the Current Account and Financial Account. International Advances in Economic Research, 2005, (11): 149 – 162.